필요할 때 통하는 여행 베트남어

김민기 저

랭기지플러스

머리말

    7년 동안 베트남 현지에서 거주하면서 가장 힘들었던 점은 다름 아닌 "의사소통"이었습니다. 처음 언어를 배울 때 언어의 장벽이 너무 높았기 때문에 매일 연습하고 공부하였습니다. 그러면서 베트남 여러 곳곳을 여행 다니고 베트남 현지 생활에 적응하였고 2015년 귀국하여 현재는 베트남어를 가르치는 강사가 되었습니다.

    처음 '필통 여행 베트남어' 제작을 할 때 제가 가장 우선 순위로 둔 것은 "실용성"이었습니다. 현지에서 겪은 저의 경험을 바탕으로 가장 필요하고 중요한 문장들만 엄선하여 제작하였습니다.

    또한 베트남 여행을 가서 언어 때문에 여행이 힘들어지지 않도록 현지인과의 원만한 의사소통을 위해 필요한 상황에 맞게 바로 문장을 찾아 읽을 수 있도록 편리하게 정리하였습니다.

    그리고 현지인들이 하는 말과 독자들이 하는 말이 표시하여 듣기 또한 이해 할 수 있게 구성하였으며 여행할 때 알고 있으면 유용한 간단한 베트남 문화도 소개하였습니다.

    여행을 떠나는 즐거움만큼 여행을 가기 전 준비하는 마음은 더욱 설레고 즐겁습니다. 한국인에게 베트남은 더 이상 낯설고 먼 나라가 아닌 가깝고 친근한 나라이며, 이제는 많은 분들이 베트남에 대해 궁금해 하고 알고 싶어 합니다. 베트남 여행을 계획하고 떠나시는 여러분, '필통 여행 베트남어'를 통하여 베트남과 더욱 가까워지고 보다 재미있고 기억에 남는 여행이 되시기를 진심으로 기원합니다.

저자 김민기

이 책의 사용법

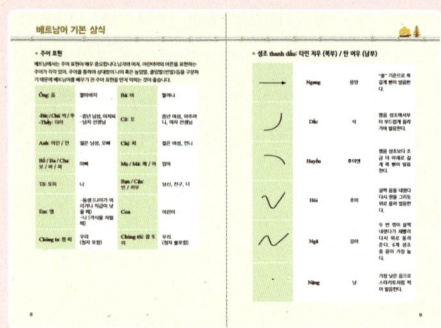

● **베트남어 회화를 위해 꼭 필요한 기본 상식 수록**

기본적으로 알아야 할 베트남어 주어 표현, 성조, 발음, 알파벳을 수록하여 누구라도 쉽게 베트남어를 말할 수 있도록 했습니다.

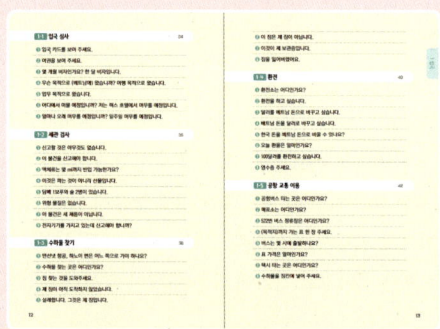

● **필요한 상황을 바로 찾을 수 있는 인덱스**

각 상황에서 필요한 베트남어를 바로 말할 수 있도록 인덱스를 책의 앞쪽에 배치하여 필요한 표현을 편리하고 빠르게 찾을 수 있도록 했습니다.

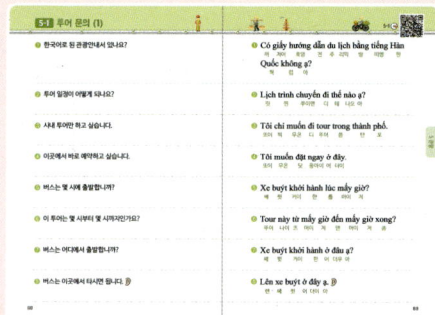

● **입에서 바로 튀어나오는 생생한 베트남어 표현**

각 상황에 따라 가장 많이 쓰이는 표현만 엄선하여 구성했습니다. 왼쪽 페이지는 한글 문장, 오른쪽 페이지는 베트남어 문장을 배치하여 필요한 문장을 쉽게 찾아서 바로 말할 수 있습니다.

*베트남어는 북부와 남부 발음이나 표현에 차이가 있습니다. 북부에서 사용하는 발음이나 표현이 표준어로 통용되긴 하지만 필요한 경우 남부의 표현과 발음도 표기했습니다.

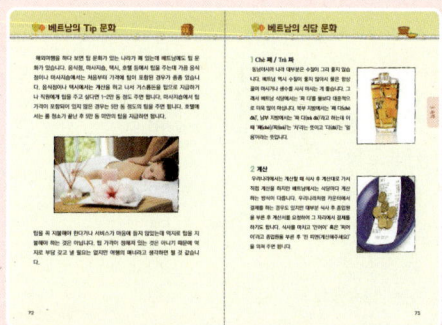

● **재미있는 알짜 베트남 여행 팁!**

베트남 여행 시 유용한 다양한 팁들을 수록했습니다. 재미있게 읽으면서 꼭 필요한 정보를 얻을 수 있습니다.

목차

● **베트남어 기본 상식**
- 주어 표현 … 8
- 성조 … 9
- 알파벳 … 10
- 발음 … 11
- 빠르게 찾는 인덱스 … 12

Chapter 01 입국
- 1-1 입국 심사 … 34
- 1-2 세관 검사 … 36
- 1-3 수하물 찾기 … 38
- 1-4 환전 … 40
- 1-5 공항 교통 이용 … 42
- 환전 Tip … 44
- 택시 이용 Tip … 45

Chapter 02 교통수단
- 2-1 택시 이용 … 48
- 2-2 대중교통 이용 … 50
- 2-3 렌터카 이용 … 52
- 2-4 오토바이 택시(쌔옴) 이용 … 54
- 2-5 길 찾기 … 56
- 베트남의 대중교통 … 58
- 베트남의 음식 소개 1 … 59

Chapter 03 숙박
- 3-1 방 예약 … 62
- 3-2 체크인 … 64
- 3-3 서비스 요청 … 66
- 3-4 불편 사항 … 68
- 3-5 체크아웃 … 70
- 베트남의 Tip 문화 … 72
- 베트남의 식당 문화 … 73

Chapter 04 식사
- 4-1 식당에서 주문하기 … 76
- 4-2 커피숍에서 주문하기 … 78
- 4-3 서비스 요청 … 80
- 4-4 계산 … 82
- 베트남어로 과일 이름 말하기 … 84
- 베트남 음식 소개 2 … 85

Chapter 05 관광
- 5-1 투어 문의 (1) … 88
- 5-2 투어 문의 (2) … 90
- 5-3 관광 명소 및 쇼 관람 … 92
- 5-4 사진 촬영 … 94
- 베트남의 유명 관광지 … 96

Chapter 06 쇼핑
- 6-1 둘러보기 … 100
- 6-2 착용 … 102
- 6-3 사이즈 … 104
- 6-4 물건 구입 (1) … 106
- 6-5 물건 구입 (2) … 108

- 베트남 전통 모자 넌 라(nón lá) 110
- 베트남어로 색깔 말하기　　　111

Chapter 07　긴급상황

7-1	분실	114
7-2	도난 및 화재	116
7-3	사고	118

- 베트남에서 전화 걸기　　　120

Chapter 08　질병

8-1	증상 (1)	124
8-2	증상 (2)	126
8-3	증상 (3) 및 병원 이용	128
8-4	약국 이용	130

- 베트남의 약국　　　132
- 추천 선물 리스트　　　133

Chapter 09　귀국

9-1	공항 체크인	136
9-2	항공편 예약	138
9-3	항공편 예약 변경 및 취소	140
9-4	면세점 이용	142
9-5	기내에서	144

- 베트남 항공 수하물 규정　　　146
- 세관 신고　　　147

Chapter 10　필요할 때 통하는 베트남어

10-1	인사말	150
10-2	자기소개	152
10-3	대답하기	154
10-4	날짜 및 시간	156
10-5	날씨 표현	158
10-6	연락처 교환	160
10-7	베트남인과 친구하기 (1)	162
10-8	베트남인과 친구하기 (2)	164

● 부록

- 수와 관련된 표현　　　168
- 때와 관련된 표현　　　170
- 위치와 관련된 표현　　　171
- 베트남어로 나라 이름 말하기　　　171
- 베트남 화폐 종류　　　172

베트남어 기본 상식

● 주어 표현

베트남에서는 주어 표현이 매우 중요합니다. 남자와 여자, 어린아이와 어른을 표현하는 주어가 각각 있어, 주어를 통하여 상대방의 나이 혹은 높임말, 줄임말(반말)등을 구분하기 때문에 베트남어를 배우기 전 주어 표현을 먼저 익히는 것이 좋습니다.

Ông: 옴	할아버지	Bà: 바	할머니
-Bác / Chú: 박 / 쭈 -Thầy: 터이	-중년 남성, 아저씨 -남자 선생님	Cô: 꼬	중년 여성, 아주머니, 여자 선생님
Anh: 아인 / 안	젊은 남성, 오빠	Chị: 찌	젊은 여성, 언니
Bố / Ba / Cha: 보 / 바 / 짜	아빠	Mẹ / Má: 매 / 마	엄마
Tôi: 또이	나	Bạn / Cậu: 반 / 꺼우	당신, 친구, 너
Em: 앰	-동생 (나이가 어리거나 직급이 낮을 때) -나 (격식을 차릴 때)	Con	어린이
Chúng ta: 쭘 따	우리 (청자 포함)	Chúng tôi: 쭘 또이	우리 (청자 불포함)

● 성조 thanh dấu: 타인 저우 (북부) / 탄 여우 (남부)

→	Ngang	응앙	"솔" 기준으로 쭉 길게 뻗어 발음한다.
╯	Sắc	삭	평음 성조에서부터 부드럽게 올라가며 발음한다.
⌒	Huyền	후이엔	평음 성조보다 조금 더 아래로 길게 쭉 뻗어 발음한다.
∨	Hỏi	호이	살짝 음을 내렸다 다시 원을 그리듯 위로 올려 발음한다.
∽	Ngã	응아	두 번 꺾어 살짝 내렸다가 재빨리 다시 위로 올려준다. 6개 성조 중 음이 가장 높다.
·	Nặng	낭	가장 낮은 음으로 스타카토처럼 찍어 발음한다.

베트남어 기본 상식

● 알파벳

알파벳	명칭	발음	알파벳	명칭	발음
A a	A	ㅏ(길게)	N n	En-nờ	ㄴ
Ă ă	Á	ㅏ(짧게)	O o	O	ㅗ+ㅓ
Â â	Ớ	ㅓ	Ô ô	Ô	ㅗ
B b	Bê	ㅂ	Ơ ơ	Ơ	ㅓ
C c	Xê	ㄲ	P p	Pê	ㅃ
D d	Dê	ㅈ(북) ㅇ(남)	Q q	Qui	ㄲ
Đ đ	Đê	ㄷ	R r	E-rờ	ㅈ(북) ㄹ(남)
E e	E	ㅐ	S s	Ét-sì	ㅅ
Ê ê	Eê	ㅔ	T t	Tê	ㄸ
G g	Giê	ㄱ	U u	u	ㅜ
H h	Hát	ㅎ	Ư ư	Ư	ㅡ
I i	I (ngắn)	ㅣ(길게)	V v	V	v
K k	Ca	ㄲ	X x	Ích-xì	ㅆ
L l	E-lờ	ㄹ	Y y	I (dài)	ㅣ(짧게)
M m	Em-mờ	ㅁ	-	-	-

• 발음

이중자음	발음
Ch	ㅉ
Gh	ㄱ
Gi	ㅈ (북) / ㅇ (남)
Kh	ㅋ
Nh	니
Ng	응
Ph	f
Th	ㅌ
Tr	ㅉ (강하게)

끝자음 (받침)	발음
-m	ㅁ
-n	ㄴ
-nh	-인 (북) / ㄴ (남)
-ng	ㅇ
-ch	-익
-c	ㄱ
-p	ㅂ
-t	ㅅ

북부(하노이)와 남부(호치민) 발음 차이가 나는 알파벳이 있는데, 보통 북부에서는 'ㅈ' 발음, 남부에서는 'ㅇ (모음 추가)' 발음이 난다.

ex 북부: d = gi = r : ㅈ
　　남부: d = gi : ㅇ
　　남부: r : ㄹ

〈예시 단어〉
- De : 제 (북) / 예 (남)
- Ra : 자 (북) / 라 (남)
- Gia : 자 (북) / 야 (남)

1-1 입국 심사　　　　　　　　　　　　　　34

❶ 입국 카드를 보여 주세요.

❷ 여권을 보여 주세요.

❸ 몇 개월 비자인가요? 한 달 비자입니다.

❹ 무슨 목적으로 (베트남에) 왔습니까? 여행 목적으로 왔습니다.

❺ 업무 목적으로 왔습니다.

❻ 어디에서 머물 예정입니까? 저는 렉스 호텔에서 머무를 예정입니다.

❼ 얼마나 오래 머무를 예정입니까? 일주일 머무를 예정입니다.

1-2 세관 검사　　　　　　　　　　　　　　36

❶ 신고할 것은 아무것도 없습니다.

❷ 이 물건을 신고해야 합니다.

❸ 액체류는 몇 ml까지 반입 가능한가요?

❹ 이것은 파는 것이 아니라 선물입니다.

❺ 담배 1보루와 술 2병이 있습니다.

❻ 위험 물질은 없습니다.

❼ 이 물건은 새 제품이 아닙니다.

❽ 전자기기를 가지고 있는데 신고해야 합니까?

1-3 수하물 찾기　　　　　　　　　　　　　38

❶ 떤선녓 항공, 하노이 편은 어느 쪽으로 가야 하나요?

❷ 수하물 찾는 곳은 어디인가요?

❸ 짐 찾는 것을 도와주세요.

❹ 제 짐이 아직 도착하지 않았습니다.

❺ 실례합니다. 그것은 제 짐입니다.

❻ 이 짐은 제 짐이 아닙니다.

❼ 이것이 제 보관증입니다.

❽ 짐을 잃어버렸어요.

1-4 환전　　　　　　　　　　　　　　　　　40

❶ 환전소는 어디인가요?

❷ 환전을 하고 싶습니다.

❸ 달러를 베트남 돈으로 바꾸고 싶습니다.

❹ 베트남 돈을 달러로 바꾸고 싶습니다.

❺ 한국 돈을 베트남 돈으로 바꿀 수 있나요?

❻ 오늘 환율은 얼마인가요?

❼ 100달러를 환전하고 싶습니다.

❽ 영수증 주세요.

1-5 공항 교통 이용　　　　　　　　　　　　42

❶ 공항버스 타는 곳은 어디인가요?

❷ 매표소는 어디인가요?

❸ 522번 버스 정류장은 어디인가요?

❹ (목적지)까지 가는 표 한 장 주세요.

❺ 버스는 몇 시에 출발하나요?

❻ 표 가격은 얼마인가요?

❼ 택시 타는 곳은 어디인가요?

❽ 수하물을 짐칸에 넣어 주세요.

2-1 택시 이용

① 택시를 불러 주세요.

② 이 주소로 가 주세요.

③ 렉스 호텔에 가고 싶어요.

④ 창문 좀 열어 주세요.

⑤ 에어컨 좀 틀어 주세요.

⑥ 에어컨 좀 줄여 주세요.

⑦ 벤탄 시장 근처에 내려 주세요.

⑧ 여기에 세워 주세요.

2-2 대중교통 이용

① 인사대(인문사회과학 대학교)까지 가는 표 한 장 주세요.

② 표 가격이 얼마인가요?

③ 어디에서 버스를 타야 하나요?

④ 여기가 버스 정류장 맞나요?

⑤ 버스는 언제 출발하나요?

⑥ 이 버스는 (장소 이름) 가나요?

⑦ 이번 정거장이 인사대(인문사회과학 대학교) 근처가 맞습니까?

⑧ 버스가 곧 도착할 거예요.

2-3 렌터카 이용

① 차를 빌리고 싶습니다.

② 오토바이를 빌리고 싶습니다.

③ 하루에 얼마인가요?

④ 기름은 채워져 있나요?

❺ 이 차로 부탁드립니다.

❻ 저의 국제 면허증입니다.

❼ 스쿠터로 주세요.

❽ 다른 오토바이로 바꿔 주세요.

2-4 오토바이택시(쌔옴) 이용 54

❶ 하노이 대학교까지 가고 싶습니다.

❷ 하노이 대학교까지 얼마인가요?

❸ 여기서부터 거기까지 얼마나 걸리나요?

❹ (여기서부터 거기까지) 20분 걸려요.

❺ 조금 비싸네요.

❻ 거기까지 10만 동에 갑시다.

❼ 천천히 가 주세요.

❽ 거스름돈은 괜찮습니다. (팁입니다.)

2-5 길 찾기 56

❶ 실례합니다만, 길 좀 여쭤 볼게요.

❷ 길을 잃었어요.

❸ 우체국이 어디 있어요?

❹ 이 길로 직진하면 되나요?

❺ 조금 더 가야 합니다.

❻ 이 근처입니다.

❼ 사거리에서 좌회전하세요.

❽ 길을 건너야 합니다.

3-1 방 예약   62

① 방을 예약하고 싶습니다.

② 빈 방 있나요?

③ 1박에 얼마인가요?

④ 조금 더 저렴한 방 있나요?

⑤ 바로 입실 가능한가요?

⑥ 싱글룸으로 예약하고 싶습니다.

⑦ 달러로 계산하고 싶습니다.

⑧ 예약을 취소하고 싶습니다.

3-2 체크인   64

① 예약금은 지불했습니다.

② 경치 좋은 방으로 부탁합니다.

③ 조금 더 큰 방 있나요?

④ 조식은 몇 시인가요?

⑤ 주차되나요?

⑥ 화장실에 욕조 있나요?

⑦ 수영장 있나요?

⑧ 인터넷 사용 가능한가요?

3-3 서비스 요청   66

① 휴지가 다 떨어졌어요.

② 리모컨이 없어요.

③ 수건 하나 더 가져다 주세요.

④ 물 좀 더 가져다 주세요.

❺ 베개 좀 더 가져다 주세요.

❻ 이불을 바꿔 주세요.

❼ 모기약 있나요?

❽ 음료수 있나요?

3-4 불편 사항

❶ 방을 바꾸고 싶습니다.

❷ 에어컨 작동이 안 돼요.

❸ 수건이 없습니다.

❹ 바퀴벌레가 나왔어요.

❺ 온수가 안 됩니다.

❻ 변기가 막혔어요.

❼ 방 불이 안 켜집니다.

❽ 창문이 안 열려요(안 닫혀요).

3-5 체크아웃

❶ 체크아웃은 몇 시까지인가요?

❷ 지금 체크아웃하고 싶습니다.

❸ 하루 일찍 체크아웃하고 싶습니다.

❹ 시간을 연장하고 싶습니다.

❺ 1박 더 하고 싶습니다.

❻ 택시를 불러 주시겠어요?

❼ 리무진 버스는 어디에서 타야 하나요?

❽ 여권을 맡겨 두었습니다.

4-1 식당에서 주문하기 — 76

1. 여기요.
2. 메뉴판을 가져다주세요.
3. 쌀국수 한 그릇 주세요.
4. 생맥주 2병 주세요.
5. 고수는 빼 주세요.
6. 더 맵게 가능할까요?
7. 마늘 있나요?
8. 이 음식은 주문하지 않았습니다.

4-2 커피숍에서 주문하기 — 78

1. 아이스 커피 한 잔 주세요.
2. 아보카도 스무디 한 잔 주세요.
3. 사탕수수 한 잔 주세요.
4. 연유를 더 넣어 주세요.
5. 얼음을 더 넣어 주세요. (얼음을 더 빼 주세요).
6. 빨대는 어디 있나요?
7. 케이크 주세요.

4-3 서비스 요청 — 80

1. 음식은 언제 나오나요?
2. 추가 주문하고 싶습니다.
3. 자리를 바꿔도 될까요?
4. 앞치마 있나요?
5. 육수 좀 더 주세요.

❻ 젓가락 하나 갖다주세요.

❼ 너무 짜네요!

❽ 불이 꺼졌어요. / 가스가 떨어졌어요.

4-4 계산　　　　　　　　　　　　　　　　82

❶ 계산해 주세요.

❷ 얼마인가요?

❸ 영수증 주세요.

❹ 카드로 계산할게요.

❺ 달러로 계산 가능한가요?

❻ 세금 포함된 가격인가요?

❼ 계산이 맞지 않습니다.

❽ 다시 한 번 확인해 주세요.

5-1 투어 문의 (1)　　　　　　　　　　　88

❶ 한국어로 된 관광안내서 있나요?

❷ 투어 일정이 어떻게 되나요?

❸ 시내 투어만 하고 싶습니다.

❹ 이곳에서 바로 예약하고 싶습니다.

❺ 버스는 몇 시에 출발합니까?

❻ 이 투어는 몇 시부터 몇 시까지인가요?

❼ 버스는 어디에서 출발합니까?

❽ 버스는 이곳에서 타시면 됩니다.

5-2 투어 문의 (2)   90

❶ 식사 요금은 포함되어 있나요?
❷ 시내를 도는 투어가 있나요?
❸ 1박 2일 투어로 가고 싶습니다.
❹ 영어로 설명 가능한 투어 있나요?
❺ 이 코스는 얼마인가요?
❻ 이 투어는 몇 시간 정도 걸리나요?
❼ 보통 어떤 곳을 구경하나요?
❽ 이것 외에 다른 투어가 또 있나요?

5-3 관광 명소 및 쇼 관람   92

❶ 요금(표)은 얼마입니까?
❷ 몇 시까지 집합하면 됩니까?
❸ 기념품을 파는 곳은 어디입니까?
❹ 이곳이 기다리는 줄 맞습니까?
❺ 실례하지만 화장실은 어디 있나요?
❻ 이곳은 무엇을 상영하는 곳인가요?
❼ 몇 시부터 몇 시까지 상영하나요?
❽ (표를 보여주면서) 이 좌석은 어디인가요?

5-4 사진 촬영   94

❶ 이곳은 사진 촬영이 가능한 장소인가요?
❷ 여기에서 사진을 찍어도 될까요?
❸ 이곳은 사진 촬영 금지 구역인가요?
❹ 실례합니다만, 사진 좀 찍어 주시겠어요?

❺ 여기를 누르면 됩니다.

❻ 죄송하지만 1장 더 찍어 주시겠습니까?

❼ 괜찮으시다면 함께 찍으시겠습니까?

❽ 정말 감사합니다.

6-1 둘러보기　　　　　　　　　　　　　　　　100

❶ 여기가 빈컴 백화점 맞나요?

❷ 엘리베이터는 어디 있나요?

❸ 저것을 보여 주세요.

❹ 다른 색깔도 보여 주세요.

❺ 다른 디자인도 보여 주세요.

❻ 이것은 어느 나라(메이커) 것입니까?

❼ 이것은 진품인가요, 모조품인가요?

❽ 신상품 있나요?

6-2 착용　　　　　　　　　　　　　　　　　102

❶ 둘러봐도 될까요?

❷ 먹어 봐도 될까요?

❸ 입어 봐도 될까요?

❹ 신어 봐도 될까요?

❺ (안경, 선글라스, 반지, 목걸이, 팔찌, 시계) 착용해 봐도 될까요?

❻ (모자&헬멧) 써 봐도 될까요?

❼ 들어 봐도 될까요?

❽ 사용해 봐도 될까요?

6-3 사이즈 104

❶ 사이즈가 커요.

❷ 사이즈가 작아요.

❸ 한 사이즈 큰[작은] 것으로 주세요.

❹ 중간 사이즈로 주세요.

❺ 사이즈가 딱 맞아요.

❻ (길이가) 너무 길어요.

❼ (길이가) 너무 짧아요.

❽ 저는 35사이즈 신발을 신습니다.

6-4 물건 구입 (1) 106

❶ 이것은 얼마인가요?

❷ 비싸요.

❸ 깎아 주세요.

❹ 조금만 더 깎아 주실 수 있나요?

❺ 교환되나요?

❻ 환불되나요?

❼ 새 제품으로 주세요.

❽ 품절입니다.

6-5 물건 구입 (2) 108

❶ 이 물건으로 구입할게요.

❷ 다시 한번 (물건을) 확인해 볼게요.

❸ 포장해 주세요.

❹ 쇼핑백에 넣어 주세요.

❺ 카드로 계산할게요.

❻ 영수증 주세요.

❼ 거스름돈이 맞지 않습니다.

❽ 둘러보고 다시 올게요.

7-1 분실 114

❶ 여권을 잃어버렸습니다.

❷ 휴대폰을 잠시 빌릴 수 있을까요?

❸ 한국 대사관이 어디인가요?

❹ 한국 대사관 번호를 알고 싶습니다.

❺ 택시 안에 물건을 두고 내렸습니다.

❻ 어디에서 잃어버렸는지 모르겠습니다.

❼ 물건을 찾을 수 있을까요?

❽ 물건을 찾으시면 이곳으로 연락 주십시오.

7-2 도난 및 화재 116

❶ 소매치기를 당했어요.

❷ 날치기를 당했어요.

❸ 도둑입니다.

❹ 화재입니다.

❺ 오토바이를 도난당했습니다.

❻ 제 물건을 훔쳐 간 오토바이 번호입니다.

❼ 공안을 불러 주세요.

❽ 소방차를 불러 주세요.

7-3 사고 　　　　　　　　　　　　　　　　　118

① 도와주세요.

② 교통사고를 당했어요.

③ 뺑소니입니다.

④ 추락 사고입니다.

⑤ 물에 빠졌어요.

⑥ 해난 사고입니다.

⑦ 제일 가까운 병원은 어디인가요?

⑧ 구급차를 불러 주세요.

8-1 증상 (1) 　　　　　　　　　　　　　　124

① 열이 나요.

② 어지러워요. / 머리가 아파요.

③ 배가 아파요.

④ 설사를 해요.

⑤ 소화가 안 돼요(매스꺼워요).

⑥ 토를 했어요.

⑦ 목이 아파요.

⑧ 가래가 나와요.

8-2 증상 (2) 　　　　　　　　　　　　　　126

① 콧물이 나와요.

② 코가 막혀요.

③ 기침을 자주 해요.

④ 몸살이 온 것 같아요.

❺ 가려워요.

❻ 이가 시려요.

❼ 상처가 나서 피가 나요.

❽ 넘어져서 부러졌어요.

8-3 증상 (3) 및 병원 이용　　128

❶ 화상을 입었어요.

❷ 베였어요.

❸ 과음을 했어요.

❹ 한국어 통역사를 불러 주세요.

❺ 진단서를 작성해 주세요.

❻ 여행을 계속해도 괜찮을까요?

❼ 입원을 해야 합니다.

❽ 주사를 맞아야 합니다.

8-4 약국 이용　　130

❶ 감기약 주세요.

❷ 구충제 주세요.

❸ 소독약 주세요.

❹ 아스피린 주세요.

❺ 모기에 심하게 물렸어요.

❻ 반창고(붕대) 주세요.

❼ 연고 주세요.

❽ 하루에 3번, 2알씩 드세요.

9-1 공항 체크인 136

❶ 창가 좌석으로 부탁합니다.

❷ 통로 좌석으로 부탁합니다.

❸ 수하물을 가지고 탑승하고 싶습니다.

❹ 짐은 20kg까지 가능합니다.

❺ 몇 번 게이트로 가야 하나요?

❻ 10번 게이트로 가십시오.

❼ 한국인 승무원 있나요?

❽ 아이가 있습니다. 베시넷 좌석을 이용하고 싶습니다.

9-2 항공편 예약 138

❶ 호찌민에서 서울까지 가는 항공편을 예약하고 싶습니다.

❷ 10월 2일 오전[오후] 항공편으로 있나요?

❸ 9월 3일 새벽[저녁] 항공편으로 있나요?

❹ 예약 번호는 몇 번입니까?

❺ 몇 시에 출발입니까?

❻ 도착 시간은 몇 시인가요?

❼ 예약을 확인하고 싶습니다.

9-3 항공편 예약 변경 및 취소 140

❶ 예약 번호는 00입니다.

❷ 예약을 변경하고 싶습니다.

❸ 아침 비행기를 저녁 비행기로 바꾸고 싶습니다.

❹ 예약을 취소해 주십시오.

❺ 떤선녓 공항에서의 출발을 노이 바이 공항 출발로 변경하고 싶습니다.

❻ 예약 변경 시 추가 비용이 부가됩니까?

❼ 같은 날짜로 해 주십시오.

9-4 면세점 이용

❶ 면세점이 어디인가요?

❷ (브랜드명) 매장은 어디 있나요? / 화장품 매장은 어디 있나요?

❸ 술은 몇 ml까지 살 수 있나요?

❹ 담배는 몇 보루까지 살 수 있나요?

❺ 얼마인가요?

❻ 달러로 계산해도 되나요?

❼ 여권을 보여 주세요.

❽ 탑승권을 보여 주세요.

9-5 기내에서

❶ 한국 승무원을 불러 주십시오.

❷ 저의 좌석을 못 찾겠습니다.

❸ 짐 올리는 것을 도와주세요.

❹ 자리를 바꿀 수 있을까요?

❺ 담요 하나만 가져다 주십시오.

❻ 물 한 잔 가져다 주십시오.

❼ 세관 신고서 한 장 더 가져다 주십시오.

❽ 영어로 설명해 주시겠습니까?

10-1 인사말 150

① 저기요.

② 안녕하세요.

③ 감사합니다.

④ 죄송합니다. / 실례합니다.

⑤ 부탁합니다.

⑥ 만나서 반갑습니다.

⑦ 잘 지내셨나요?

⑧ 안녕히 가세요.

10-2 자기소개 152

① 제 이름은 미나입니다.

② 저는 올해 30살입니다.

③ 저는 한국 사람입니다.

④ 저는 대학생입니다.

⑤ 실례지만 성함이 어떻게 되시나요?

⑥ 실례지만 나이가 어떻게 되시나요?

⑦ 실례지만 어느 나라 사람입니까?

⑧ 실례지만 직업이 무엇입니까?

10-3 대답하기 154

① 네, 맞습니다. / 아닙니다.

② 알겠습니다.

③ 모르겠습니다.

④ 이해했습니다.

❺ 이해하지 못했습니다.

❻ 이해하셨나요?

❼ 조금만 천천히 이야기해 주시겠어요?

❽ 다시 한 번 말해 주시겠어요?

10-4 날짜 및 시간

❶ 지금 몇 시인가요?

❷ 6시 30분입니다.

❸ 10분 전[후]입니다.

❹ 오늘은 며칠인가요?

❺ 10월 3일입니다.

❻ 오늘은 무슨 요일인가요?

❼ 오늘은 월요일입니다.

❽ 저는 일주일 동안 머무를 예정입니다.

10-5 날씨 표현

❶ 더워요.

❷ 추워요.

❸ 비가 내려요.

❹ 습해요.

❺ 건조해요.

❻ 오늘 몇 도인가요?

❼ 오늘 날씨가 매우 좋네요.

❽ 오늘 날씨는 흐리네요.

10-6 연락처 교환　　　　　　　　　　160

① 연락처 교환을 하고 싶습니다.

② 저의 전화번호입니다.

③ 저의 명함입니다.

④ 저의 메일 주소입니다.

⑤ 실례지만 전화번호가 어떻게 되나요?

⑥ 명함 한 장 주시겠습니까?

⑦ 메일 주소가 어떻게 되나요?

⑧ 영어로 연락합시다.

10-7 베트남인과 친구하기 (1)　　　　162

① 예뻐요.

② 미남이시네요.

③ 귀여워요.

④ 친절하시네요.

⑤ 친구하고 싶어요.

⑥ 여자친구[남자친구] 있어요?

⑦ 저는 애인이 있어요.

⑧ 저는 애인이 없어요.

10-8 베트남인과 친구하기 (2)　　　　164

① 내일도 만날까요?

② 함께 식사해도 될까요?

③ 커피 마시러 갈까요?

④ 저와 함께 사진 찍을까요?

❺ 취미가 무엇입니까?

❻ 저는 베트남을 좋아해요.

❼ 베트남 사람은 매우 친근합니다.

❽ 오늘 매우 즐거웠습니다.

Chapter 1

입국 Nhập cảnh 녑 깐

- 1-1 입국 심사
- 1-2 세관 검사
- 1-3 수하물 찾기
- 1-4 환전
- 1-5 공항 교통 이용

환전 Tip
택시 이용 Tip

❁ 필요할 때 통하는 단어

공항: **sân bay** 썬 바이
여권: **hộ chiếu** 호 찌에우
탑승권: **vé máy bay** 베 마이 바이
수하물: **hành lý** 한 리
편도표: **vé một chiều** 베 못 찌에우
왕복표: **vé khứ hồi** 베 크 호이
세관 신고서: **giấy khai báo thuế**
　　　　　　저이 카이 바오 투에
입국: **nhập cảnh** 녑 깐
입국 신고서: **giấy khai báo nhập cảnh**
　　　　　　저이 카이 바오 녑 깐
입국 심사: **thủ tục nhập cảnh** 투 뚭 녑 깐
승무원: **tiếp viên hàng không** 띠엡 비엔 항 콤
항공: **hàng không** 항 컴
게이트: **cửa** 끄어 / **cổng** 꼼

1-1 입국 심사

❶ 입국 카드를 보여 주세요. 🎧

❷ 여권을 보여 주세요. 🎧

❸ Q 몇 개월 비자인가요?
 A 한 달 비자입니다.
 (숫자 표현 부록 참고)

❹ Q 무슨 목적으로 (베트남에) 왔습니까?
 A 여행 목적으로 왔습니다.

❺ 업무 목적으로 왔습니다.

❻ Q 어디에서 머물 예정입니까?
 A 저는 렉스 호텔에서 머무를 예정입니다.

❼ Q 얼마나 오래 머무를 예정입니까?
 A 일주일 머무를 예정입니다.
 (기간 표현 부록 참고)

1-1

❶ Cho tôi xem thẻ nhập cảnh.
쩌 또이 쎔 테 녑 깐

❷ Xin vui lòng cho xem hộ chiếu.
씬 브이 롱 쩌 쎔 호 찌에우

❸ Q Visa của bạn mấy tháng?
비자 꾸어 반 머이 탕
A Visa của tôi là một(1) tháng.
비자 꾸어 또이 라 못 탕

❹ Q Đến Việt Nam để làm gì?
덴 비엣 남 데 람 지
A Tôi đến Việt Nam để du lịch.
또이 덴 비엣 남 데 주 릭

❺ Tôi đến Việt Nam để làm việc.
또이 덴 비엣 남 데 람 비엑

❻ Q Bạn dự định ở đâu?
반 즈 딘 어 더우
A Tôi sẽ ở khách sạn Rex.
또이 쎄 어 칵 산 렉스

❼ Q Bạn dự định ở Việt Nam bao lâu?
반 즈 딘 어 비엣 남 바오 로우
A Tôi dự định ở Việt Nam một tuần.
또이 즈 딘 어 비엣 남 못 뚜언

1-2 세관 검사

① 신고할 것은 아무것도 없습니다.

② 이 물건을 신고해야 합니다.

③ 액체류는 몇 ml까지 반입 가능한가요?

④ 이것은 파는 것이 아니라 선물입니다.

⑤ 담배 1보루와 술 2병이 있습니다.
(숫자 표현 부록 참고)

⑥ 위험 물질은 없습니다.

⑦ 이 물건은 새 제품이 아닙니다.

⑧ 전자기기를 가지고 있는데 신고해야 합니까?

❶ Không có khai báo gì cả.
컴 꺼 카이 바오 지 까

❷ Món đồ này phải khai báo.
먼 도 나이 퐈이 카이 바오

❸ Có thể mang bao nhiêu ml chất lỏng vào ạ?
꺼 테 망 바오 니에우 밀리릿 쩟 롬 바오 아

❹ Cái này không bán mà là món quà ạ.
까이 나이 컴 반 마 라 먼 꾸아 아

❺ Có một(1) cây thuốc lá và hai(2) chai rượu ạ.
꺼 못 꺼이 투억 라 바 하이 짜이 즈우 아

❻ Không có chất gây nguy hiểm.
컴 꺼 쩟 거이 응위 히엠

❼ Món đồ này không phải là hàng mới.
먼 도 나이 컴 퐈이 라 항 머이

❽ Tôi mang theo đồ dùng điện tử mà có phải
또이 망 태오 도 줌 디엔 뜨 마 꺼 퐈이

khai báo không ạ?
카이 바오 컴 아

1-3 수하물 찾기

① 떤선녓 항공, 하노이 편은 어느 쪽으로 가야 하나요?

② 수하물 찾는 곳은 어디인가요?

③ 짐 찾는 것을 도와주세요.

④ 제 짐이 아직 도착하지 않았습니다.

⑤ 실례합니다만, 그것은 제 짐입니다.

⑥ 이 짐은 제 짐이 아닙니다.

⑦ 이것이 제 보관증입니다.

⑧ 짐을 잃어버렸어요.

❶ Ở sân bay Tân Sơn Nhất, chuyến Hà Nội phải
어 썬 바이 떤 선 녓 쭈옌 하 노이 파이
đi về phía nào?
디 베 피에 나오

❷ Nơi lấy hành lý ở đâu ạ?
너이 러이 한 리 어 더우 아

❸ Làm ơn tìm giúp hành lý.
람 언 띰 줍 한 리

❹ Hành lý của tôi chưa đến.
한 리 꾸어 또이 쯔어 덴

❺ Xin lỗi, đó là hành lý của tôi.
씬 로이 더 라 한 리 꾸어 또이

❻ Hành lý này không phải của tôi.
한 리 나이 컴 파이 꾸어 또이

❼ Cái này là phiếu bảo quản hành lý của tôi.
까이 나이 라 피에우 바오 꾸안 한 리 꾸어 또이

❽ Tôi đã bị mất hành lý.
또이 다 비 멋 한 리

1-4 환전

① 환전소는 어디인가요?

② 환전을 하고 싶습니다.

③ 달러를 베트남 돈으로 바꾸고 싶습니다.

④ 베트남 돈을 달러로 바꾸고 싶습니다.

⑤ 한국 돈을 베트남 돈으로 바꿀 수 있나요?

⑥ 오늘 환율은 얼마인가요?

⑦ 100달러를 환전하고 싶습니다.
(숫자 표현 부록 참고)

⑧ 영수증 주세요.

❶ Nơi đổi tiền ở đâu ạ?
너이 도이 띠엔 어 더우 아

❷ Tôi muốn đổi tiền.
또이 무온 도이 띠엔

❸ Tôi muốn đổi tiền đô la sang tiền Việt Nam.
또이 무온 도이 띠엔 도 라 상 띠엔 비엣 남

❹ Tôi muốn đổi tiền Việt Nam sang tiền đô la.
또이 무온 도이 띠엔 비엣 남 상 띠엔 도 라

❺ Đổi tiền Hàn Quốc sang tiền Việt Nam được không ạ?
도이 띠엔 한 꿕 상 띠엔 비엣 남 득 컴 아

❻ Hôm nay tỷ giá bao nhiêu ạ?
홈 나이 띠 자 바오 니에우 아

❼ Tôi muốn đổi một trăm(100) đô la.
또이 무온 도이 못 짬 도 라

❽ Cho tôi xin hóa đơn.
쩌 또이 씬 호아 던

1-5 공항 교통 이용

❶ 공항버스 타는 곳은 어디인가요?

❷ 매표소는 어디인가요?

❸ 522번 버스 정류장은 어디인가요?
(숫자 표현 부록 참고)

❹ (목적지)까지 가는 표 한 장 주세요.
(장소 Chapter 6 참고)

❺ 버스는 몇 시에 출발하나요?

❻ 표 가격은 얼마인가요?

❼ 택시 타는 곳은 어디인가요?

❽ 수하물을 짐칸에 넣어 주세요.

❶ Chỗ lên xe buýt sân bay ở đâu ạ?
쪼 렌 쌔 붯 썬 바이 어 더우 아

❷ Quầy bán vé xe buýt ở đâu ạ?
꾸어이 반 배 쌔 붯 어 더우 아

❸ Trạm xe buýt số năm hai hai(522) ở đâu ạ?
짬 쌔 붯 쇼 남 하이 하이 어 더우 아

❹ Cho một vé đến (목적지).
쩌 못 베 덴

❺ Xe buýt khởi hành lúc mấy giờ?
쌔 붯 커이 한 룹 머이 저

❻ Tiền vé bao nhiêu ạ?
띤 베 바오 니에우 아

❼ Chỗ lên xe tắc xi ở đâu ạ?
쪼 렌 쌔 딱 씨 어 더우 아

❽ Vui lòng để hành lý lên khoang hành lý.
브이 롬 데 한 리 렌 코앙 한 리

환전 Tip

 환전은 한국 돈을 베트남 돈으로 바로 환전하는 것보다 원→달러→동 순으로 하는 것이 좋습니다. 한국에서 달러로 환전하신 후 베트남 현지에서 달러를 동으로 환전하세요. 한 가지 주의할 점은 베트남은 액수에 상관없이 지폐 속의 인물이(호찌민 영웅) 다 동일합니다. 헷갈릴 수 있으니 돈을 지불하실 때 액수를 잘 보고 확인하세요!

〈베트남의 지폐 종류〉 (나머지는 부록 172p 참조)

500동

năm trăm đồng
남 짬 동

5,000동

năm nghìn/ngàn đồng
남 응인/응안 동

100,000동

một trăm nghìn/ngàn đồng
못 짬 응인/응안 동

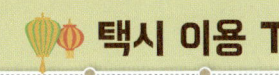 택시 이용 Tip

 베트남의 택시는 대부분 7인승 위주로 있으며 기본 요금은 12,000동(약 600원) 혹은 15,000동(약 750원)부터입니다.(2017년 기준) 아래에 소개하는 택시는 현지인들도 이용하는 믿을 수 있는 브랜드의 택시입니다. 모양이 비슷한 가짜 택시들도 있으니 잘 확인하고 탑승하세요! 또한 택시를 타기 전 탑승한 택시에 대한 정보가 적힌 메모를 나누어 주기도 하니 꼭 챙기세요.

비나선 Vinasun

마일린 Mai Linh

비나 Vina

Chapter 2

교통수단 *Phương tiện giao thông*
프엉 띠엔 자오 톰

- 2-1 택시 이용
- 2-2 대중교통 이용
- 2-3 렌터카 이용
- 2-4 오토바이택시(쌔옴) 이용
- 2-5 길 찾기

베트남의 대중교통
베트남의 음식 소개 1

✿ 필요할 때 통하는 단어

방향

직진: **đi thẳng** 디 탕
우회전: **rẽ phải** 제 파이 (북부)
　　　quẹo phải 꾸에오 파이 (남부)
좌회전: **rẽ trái** 제 짜이 (북부)
　　　quẹo trái 꾸에오 짜이 (남부)
유턴: **vòng lại** 봉 라이 / **quanh lại** 꾸안 라이
맞은편: **phía đối diện** 피아 도이 지엔
사거리: **ngã tư** 응아 뜨

교통수단

택시: **tắc xi** 딱 시
버스: **xe buýt** 쌔 븻
인력거(씨클로): **xích lô** 씻 로
오토바이: **xe máy** 쌔 마이
자동차: **xe ôtô** 쌔 오또 (북부)
　　　xe hơi 쌔 허이 (남부)
오토바이택시: **xe ôm** 쌔 옴
기차: **tàu hỏa** 따우 호아 (북부)
　　　xe lửa 쌔 르어 (남부)

2-1 택시 이용

① 택시를 불러 주세요.

② 이 주소로 가 주세요.

③ 렉스 호텔에 가고 싶어요.

④ 창문 좀 열어 주세요.

⑤ 에어컨 좀 틀어 주세요.

⑥ 에어컨 좀 줄여 주세요.

⑦ 벤탄 시장 근처에 내려 주세요.
　(장소 Chapter 6 참고)

⑧ 여기에 세워 주세요.

❶ Gọi tắc xi giùm tôi.
거이 딱 시   줌   또이

❷ Chở tôi đến địa chỉ này ạ.
쩌 또이 덴 디아 찌 나이 아

❸ Tôi muốn đi khách sạn Rex.
또이 무온 디 카익 산 렉스

❹ Mở cửa sổ giùm tôi.
머 끄어 쇼 줌 또이

❺ Bật điều hòa giùm tôi. 북부
벗 디에우 호아 줌 또이
Mở máy lạnh giùm tôi. 남부
머 마이 란   윰 또이

❻ Giảm điều hòa giùm tôi. 북부
잠 디에우 호아 줌 또이
Giảm máy lạnh giùm tôi. 남부
얌   마이 란   윰 또이

❼ Cho tôi xuống gần Chợ Bến Thành.
쩌 또이 수엉 건 쩌 벤 탄

❽ Cho dừng ở đây ạ. 북부
쩌   증   어 더이 아
Cho xuống ở đây ạ. 남부
쩌   쑤엉 어 다이 아

2-2 대중교통 이용

① 인사대(인문사회과학 대학교)까지 가는 표 한 장 주세요.
(장소 Chapter 6 참고)

② 표 가격이 얼마인가요?

③ 어디에서 버스를 타야 하나요?

④ 여기가 버스 정류장 맞나요?

⑤ 버스는 언제 출발하나요?

⑥ 이 버스는 (장소 이름) 가나요?

⑦ 이번 정거장이 인사대(인문사회과학 대학교) 근처가 맞습니까?
(장소 Chapter 6 참고)

⑧ 버스가 곧 도착할 거예요.

❶ Cho một vé đến Trường Đại Học Khoa Học
   쩌 못 베 덴   쯔엉   다이 홉 코아 홉
Xã Hội và Nhân Văn.
싸 호이 바 년   반

❷ Giá vé bao nhiêu ạ?
자 베 바오 니에우 아

❸ Tôi phải lên xe ở đâu ạ?
또이 파이 렌 쌔 어 더우 아

❹ Ở đây là trạm xe buýt phải không ạ?
어 더이 라 짬   쌔 뷧   파이   컴 아

❺ Khi nào xe buýt khởi hành?
키 나오 쌔   뷧   커이   한

❻ Xe buýt này có đi (장소 이름) không ạ?
쌔   뷧 나이 꺼 디   컴 아

❼ Bến xe này gần Trường Đại Học Khoa Học
벤 쌔 나이 건   쯔엉 다이 홉 코아 홉
Xã Hội và Nhân Văn phải không ạ?
싸 호이 바 년   반   파이   컴 아

❽ Xe buýt sắp đến rồi ạ.
쌔   뷧   삽   덴   조이 아

2-3 렌터카 이용

❶ 차를 빌리고 싶습니다.

❷ 오토바이를 빌리고 싶습니다.

❸ 하루에 얼마인가요?

❹ 기름은 채워져 있나요?

❺ 이 차로 부탁드립니다.

❻ 저의 국제 면허증입니다.

❼ 스쿠터로 주세요.

❽ 다른 오토바이로 바꿔 주세요.

❶ Tôi muốn thuê xe ô tô. 북부
또이 무온 투에 쌔 오 또

Tôi muốn thuê xe hơi. 남부
또이 무온 투에 쌔 허이

❷ Tôi muốn thuê xe máy.
또이 무온 투에 쌔 마이

❸ Một ngày bao nhiêu tiền?
못 응아이 바오 니에우 띠엔

❹ Trong xe có xăng dầu không ạ?
쫌 쌔 꺼 쌍 저우 컴 아

❺ Tôi thuê xe này ạ.
또이 투에 쌔 나이 아

❻ Đây là bằng lái xe quốc tế của tôi.
더이 라 방 라이 쌔 꾸웍 떼 꾸어 또이

❼ Tôi thuê xe tay ga.
또이 투에 쌔 따이 가

❽ Vui lòng đổi cho tôi xe máy khác ạ.
브이 롬 도이 쩌 또이 쌔 마이 칵 아

2-4 오토바이택시(쌔옴) 이용

❶ 하노이 대학교까지 가고 싶습니다.
   (장소 Chapter 6 참고)

❷ 하노이 대학교까지 얼마인가요?
   (장소 Chapter 6 참고)

❸ 여기서부터 거기까지 얼마나 걸리나요?

❹ (여기서부터 거기까지) 20분 걸려요.
   (숫자 및 시간 표현 부록 참고)

❺ 조금 비싸네요.

❻ 거기까지 10만 동에 갑시다.
   (돈 표현 부록 참고)

❼ 천천히 가 주세요.

❽ 거스름돈은 괜찮습니다. (팁입니다.)

❶ Tôi muốn đi đến Trường Đại Học Hà Nội.
또이 무온 디 덴 쯔엉 다이 홉 하 노이

❷ Đi đến Trường Đại Học Hà Nội bao nhiêu tiền?
디 덴 쯔엉 다이 홉 하 노이 바오 니에우
띠엔

❸ Từ đây đến đó, mất bao lâu?
뜨 더이 덴 더 멋 바오 로우

❹ (Từ đây đến đó) mất hai mươi(20) phút.
뜨 더이 덴 더 멋 하이 므어이 풋

❺ Hơi đắt ạ.
허이 닷 아
Hơi mắc ạ.
허이 막 아

❻ Đi đến đó với giá một trăm nghìn(ngàn) (10만) đi ạ.
디 덴 더 버이 자 못 짬 응인(응안)
디 아

❼ Hãy đi từ từ thôi ạ.
하이 디 뜨 뜨 토이 아

❽ Không cần trả tiền thối ạ. (Cho tiền tip ạ.)
컴 껀 짜 띠엔 토이 아 쩌 띠엔 팁 아

2-5 길 찾기

❶ 실례합니다만, 길 좀 여쭤 볼게요.

❷ 길을 잃었어요.

❸ 우체국이 어디 있어요?
(장소 Chapter 6 참고)

❹ 이 길로 직진하면 되나요?

❺ 조금 더 가야 합니다. 🔊

❻ 이 근처입니다. 🔊

❼ 사거리에서 좌회전하세요. 🔊

❽ 길을 건너야 합니다. 🔊

❶ Xin lỗi, cho tôi hỏi đường một chút ạ.
씬 로이 쩌 또이 허이 드엉 못 쭛 아

❷ Tôi bị lạc đường rồi.
또이 비 락 드엉 조이

❸ Bưu điện ở đâu ạ?
브으우 디엔 어 더우 아

> 우회전: rẽ phải 제 퐈이 (북부) / quẹo phải 꾸에오 퐈이 (남부)
> 좌회전: rẽ trái 제 짜이 (북부) / quẹo trái 꾸에오 짜이 (남부)
> 유턴: quẹo lại 꾸에오 라이

❹ Đi thẳng đường này phải không ạ?
디 탕 드엉 나이 퐈이 컴 아

❺ Đi thêm một chút nữa.
디 템 못 쭛 느어

❻ Gần đây ạ.
건 더이 아

> 우회전: rẽ phải 제 퐈이 (북부) / quẹo phải 꾸에오 퐈이 (남부)
> 직진: đi thẳng 디 탕
> 유턴: quẹo lại 꾸에오 라이

❼ Hãy rẽ trái ở ngã tư. 북부
하이 제 짜이 어 응아 뜨

Hãy quẹo trái ở ngã tư. 남부
하이 꾸에오 짜이 어 응아 뜨

❽ Phải đi qua đường ạ.
퐈이 디 꾸아 드엉 아

베트남의 대중교통

 베트남에서는 버스를 탈 때 버스 승차권을 사용합니다. 버스에는 한국의 1970년대처럼 버스 안내원이 있는데 안내원은 버스를 탈 때 버스 승차권을 반 정도 찢어서 내주고, 어린이나 노약자에게 자리를 양보하라고 지시를 내리기도 하며 최대한 많은 승객이 버스에 오를 수 있도록 출발하기 전 승객을 안내하는 역할도 합니다. 가끔 차표를 검사하며 기록하는 일을 하는 검표원이 버스에 타는 경우도 있으니 승객들은 목적지에 내릴 때까지 표를 가지고 있어야 합니다. 벨이 없는 버스를 탄 경우 내리기 전 미리 안내원이나 기사에게 목적지를 말해야 합니다.

베트남의 버스

 2020년 최초 운행 예정인 베트남 지하철은 하노이 2호선 기준으로 '중형전동차'이고 호찌민 1호선 기준으로 '대형전동차'라고 볼 수 있습니다. 하노이는 중국제, 호찌민은 일본제 열차라고 합니다. 또한 지하철 5~8호선을 운영하는 한국 서울 도시철도공사가 베트남에 효율적인 지하철 운영 및 관리 노하우를 전수하게 되었습니다.

베트남의 음식 소개 1

1 쌀국수 '퍼(phở)'

베트남에서 주로 아침에 먹으며 쌀로 만든 국수에 육수를 넣고 기호에 따라 칠리 소스, 느억맘(베트남 소스), 라임, 양파 등을 넣어 먹습니다. 지방과 요리 재료에 따라 다양한 조리법이 있으며 베트남에서는 패스트푸드처럼 빠르고 간편하게 먹을 수 있습니다.

2 월남쌈 '고이 꾸온(gỏi cuốn)'

'고이 꾸온'은 쌀가루로 만든 얇은 피에 신선한 채소, 새우, 고기 등 다양한 속재료를 싸 먹는 요리입니다. 곁들여 먹는 소스는 지역에 따라 다양하지만 땅콩 소스가 가장 널리 알려져 있습니다.

3 베트남식 부침개 '반 쎄오(bánh xèo)'

한국의 부침개와 비슷한 형태의 요리로 쌀가루 반죽해 얇게 튀긴 후 각종 채소, 고기, 해산물을 얹어 반달 모양으로 접어서 먹습니다. 신선한 채소와 베트남 소스인 느억맘 또는 다양한 소스와 곁들여 먹습니다.

Chapter 3

숙박 Ở qua đêm 어 꾸아 뎀

- 3-1 방 예약
- 3-2 체크인
- 3-3 서비스 요청
- 3-4 불편 사항
- 3-5 체크아웃

베트남의 Tip 문화
베트남의 식당 문화

🌼 필요할 때 통하는 단어

> 방

싱글룸: **phòng đơn** 퐁 던
트윈룸: **phòng có hai giường** 퐁 꺼 하이 즁
더블룸: **phòng đôi** 퐁 도이

> 생필품

샴푸: **dầu gội đầu** 저우 고이 더우
린스: **dầu xả** 저우 싸
보디워시: **sữa tắm** 스어 땀
비누: **xà bông** 싸 봄
칫솔: **bàn chải đánh răng** 반 짜이 단 장
치약: **kem đánh răng** 깸 단 장
수건: **khăn tắm** 칸 땀
휴지: **khăn giấy** 칸 저이

> 기타

여권: **hộ chiếu** 호 찌에우
열쇠: **chìa khóa** 찌아 코아

3-1 방 예약

① 방을 예약하고 싶습니다.

② 빈 방 있나요?

③ 1박에 얼마인가요?
(숫자 표현 부록 참고)

④ 조금 더 저렴한 방 있나요?

⑤ 바로 입실 가능한가요?

⑥ 싱글룸으로 예약하고 싶습니다.

⑦ 달러로 계산하고 싶습니다.

⑧ 예약을 취소하고 싶습니다.

❶ Tôi muốn đặt phòng.
또이 무온 닷 퐁

❷ Có phòng trống không ạ?
꺼 퐁 쫌 컴 아

❸ Một(1) ngày bao nhiêu tiền ạ?
못 응아이 바오 니에우 띠엔 아

❹ Có phòng rẻ hơn không ạ?
꺼 퐁 제 헌 컴 아

❺ Nhận phòng ngay được không ạ?
년 퐁 응아이 드억 컴 아

❻ Tôi muốn đặt phòng đơn.
또이 무온 닷 퐁 던

❼ Tôi muốn trả tiền bằng đô la.
또이 무온 짜 띠엔 방 도 라

❽ Tôi muốn hủy đặt phòng.
또이 무온 후이 닷 퐁

3-2 체크인

① 예약금은 지불했습니다.

② 경치 좋은 방으로 부탁합니다.

③ 조금 더 큰 방 있나요?

④ 조식은 몇 시인가요?

⑤ 주차되나요?

⑥ 화장실에 욕조 있나요?

⑦ 수영장 있나요?

⑧ 인터넷 사용 가능한가요?

❶ Tôi đã trả tiền đặt phòng rồi.
또이 다 짜 띠엔 닷 퐁 조이

❷ Tôi muốn ở phòng có phong cảnh đẹp.
또이 무온 어 퐁 꺼 퐁 깐 뎁

❸ Có phòng lớn hơn một chút không ạ?
꺼 퐁 런 헌 못 쫏 컴 아

❹ Ăn sáng lúc mấy giờ?
안 상 룹 머이 저

❺ Gửi xe được không ạ?
그이 쌔 드억 컴 아

❻ Trong nhà vệ sinh có bồn tắm không?
쫌 냐 베 씬 꺼 본 땀 컴

❼ Có bể bơi không? 북부
꺼 베 버이 컴
Có hồ bơi không? 남부
꺼 호 버이 컴

❽ Có sử dụng Internet được không ạ?
꺼 쓰 줌 인떠넷 드억 컴 아

3-3 서비스 요청

① 휴지가 다 떨어졌어요.

② 리모컨이 없어요.

③ 수건 하나 더 가져다 주세요.
　(숫자 표현 부록 참고)

④ 물 좀 더 가져다 주세요.

⑤ 베개 좀 더 가져다 주세요.

⑥ 이불을 바꿔 주세요.

⑦ 모기약 있나요?

⑧ 음료수 있나요?

❶ Hết khăn giấy rồi.
헷 칸 저이 조이

❷ Không có điều khiển từ xa.
컴 꺼 디에우 키엔 뜨 싸

❸ Mang cho tôi một(1) cái khăn tắm nữa ạ.
망 쩌 또이 못 까이 칸 땀 느어 아

❹ Mang cho tôi nước suối ạ. 북부
망 쩌 또이 느억 소이 아

Mang cho tôi nước lọc ạ. 남부
망 쩌 또이 느억 롭 아

❺ Mang cho tôi thêm gối ạ.
망 쩌 또이 템 고이 아

❻ Đổi chăn giùm tôi ạ.
도이 짠 줌 또이 아

❼ Có thuốc muỗi không ạ?
꺼 투옥 무오이 컴 아

❽ Có nước ngọt không ạ?
꺼 느억 응엇 컴 아

3-4 불편 사항

❶ 방을 바꾸고 싶습니다.

❷ 에어컨 작동이 안 돼요.

❸ 수건이 없습니다.

❹ 바퀴벌레가 나왔어요.

❺ 온수가 안 됩니다.

❻ 변기가 막혔어요.

❼ 방 불이 안 켜집니다.

❽ 창문이 안 열려요(안 닫혀요).

❶ Tôi muốn đổi phòng ạ.
또이 무온 도이 퐁 아

❷ Máy điều hòa không hoạt động ạ. 북부
마이 디에우 호아 컴 호앗 돔 아
Máy lạnh không hoạt động ạ. 남부
마이 란 컴 호앗 돔 아

❸ Không có khăn tắm.
컴 꺼 칸 땀

❹ Có con gián.
꺼 껀 잔

❺ Nước nóng không chảy ra.
느억 넘 컴 짜이 자

❻ Bồn cầu bị tắc rồi.
본 꼬우 비 딱 조이

❼ Điện trong phòng không bật được.
디엔 쫌 퐁 컴 벗 드억

❽ Cửa sổ không mở được (không đóng được).
끄어 소 컴 머 드억 컴 돔 드억

3-5 체크아웃

① 체크아웃은 몇 시까지인가요?

② 지금 체크아웃하고 싶습니다.

③ 하루 일찍 체크아웃하고 싶습니다.

④ 시간을 연장하고 싶습니다.

⑤ 1박 더 하고 싶습니다.
(숫자 표현 부록 참고)

⑥ 택시를 불러 주시겠어요?

⑦ 리무진 버스는 어디에서 타야 하나요?

⑧ 여권을 맡겨 두었습니다.

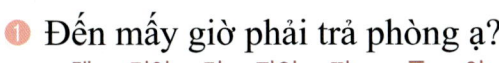

❶ Đến mấy giờ phải trả phòng ạ?
덴 머이 저 퐈이 짜 퐁 아

❷ Bây giờ tôi muốn trả phòng.
버이 저 또이 무온 짜 퐁

❸ Tôi muốn trả phòng trước một ngày ạ.
또이 무온 짜 퐁 쯔억 못 응아이 아

❹ Tôi muốn gia hạn thêm thời gian ạ.
또이 무온 자 한 템 터이 잔 아

❺ Tôi muốn ở thêm một(1) ngày nữa.
또이 무온 어 템 못 응아이 느어

❻ Gọi tắc xi giùm tôi được không ạ?
거이 딱 시 줌 또이 드억 컴 아

❼ Lên xe khách ở đâu ạ?
렌 쌔 칵 어 더우 아

❽ Tôi đã nhờ giữ hộ chiếu rồi.
또이 다 녀 즈 호 찌에우 조이

베트남의 Tip 문화

 해외여행을 하다 보면 팁 문화가 있는 나라가 꽤 있는데 베트남에도 팁 문화가 있습니다. 음식점, 마사지숍, 택시, 호텔 등에서 팁을 주는데 가끔 음식점이나 마사지숍에서는 처음부터 가격에 팁이 포함된 경우가 종종 있습니다. 음식점이나 택시에서는 계산을 하고 나서 거스름돈을 팁으로 지급하거나 직원에게 팁을 주고 싶다면 1~2만 동 정도 주면 됩니다. 마사지숍에서 팁 가격이 포함되어 있지 않은 경우는 5만 동 정도의 팁을 주면 됩니다. 호텔에서는 룸 청소가 끝난 후 5만 동 미만의 팁을 지급하면 됩니다.

팁을 꼭 지불해야 한다거나 서비스가 마음에 들지 않았는데 억지로 팁을 지불해야 하는 것은 아닙니다. 팁 가격이 정해져 있는 것은 아니기 때문에 억지로 부담 갖고 낼 필요는 없지만 여행의 매너라고 생각하면 될 것 같습니다.

베트남의 식당 문화

1 Chè 째 / Trà 짜

동남아시아 나라 대부분은 수질이 그리 좋지 않습니다. 베트남 역시 수질이 좋지 않아서 물은 항상 끓여 마시거나 생수를 사서 마시는 게 좋습니다. 그래서 베트남 식당에서는 '짜 다'를 물보다 대중적으로 더욱 많이 마십니다. 북부 지방에서는 '째 다(chè đá)', 남부 지방에서는 '짜 다(trà đá)'라고 하는데 이때 '째(chè)/짜(trà)'는 '차'라는 뜻이고 '다(đá)'는 '얼음'이라는 뜻입니다.

2 계산

우리나라에서는 계산할 때 식사 후 계산대로 가서 직접 계산을 하지만 베트남에서는 식당마다 계산하는 방식이 다릅니다. 우리나라처럼 카운터에서 결제를 하는 경우도 있지만 대부분 식사 후 종업원을 부른 후 계산서를 요청하여 그 자리에서 결제를 하기도 합니다. 식사를 마치고 '안어이' 혹은 '찌어이'라고 종업원을 부른 후 '띤 띠엔(계산해주세요)'을 외쳐 주면 됩니다.

Chapter 4

식사 Bữa ăn 브어 안

- 4-1 식당에서 주문하기
- 4-2 커피숍에서 주문하기
- 4-3 서비스 요청
- 4-4 계산

베트남어로 과일 이름 말하기
베트남 음식 소개 2

✿ 필요할 때 통하는 단어

식사 도구

숟가락: **thìa** 티아 (북부) / **muỗng** 무옹 (남부)
젓가락: **đũa** 두어
포크: **nĩa** 니아
나이프: **con dao** 껀 자오
접시: **đĩa** 디아
그릇: **bát** 밧 / **tô** 또 (남부)
컵: **cốc** 꼽 (북부) / **ly** 리 (남부)
병: **chai** 짜이
냅킨: **khăn ăn** 칸 안
물티슈: **khăn ướt** 칸 웃, **khăn lạnh** 칸 라인
이쑤시개: **tăm xỉa răng** 땀 씨아 장

양념

마늘: **tỏi** 또이
고추: **ớt** 엇
소금: **muối** 무오이
후추: **tiêu** 띠에우
간장: **xì dầu** 씨 저우 (북부) / **nước tương** 늑 뜽 (남부)
식초: **giấm chua** 점 쭈어

맛

맛있다: **ngon** 응언
맛없다: **không ngon** 컴 응언
맵다: **cay** 까이
시다: **chua** 쭈어
싱겁다: **nhạt** 냣
짜다: **mặn** 만
쓰다: **đắng** 당
달다: **ngọt** 응엇

4-1 식당에서 주문하기

1. 여기요.

2. 메뉴판을 가져다주세요.

3. 쌀국수 한 그릇 주세요.
   (숫자 표현 부록 참고)

4. 생맥주 2병 주세요.
   (숫자 표현 부록 참고)

5. 고수는 빼 주세요.

6. 더 맵게 가능할까요?

7. 마늘 있나요?

8. 이 음식은 주문하지 않았습니다.

① **Anh/Chị ơi.**
안/찌 어이

*남자 종업원일 때: anh 안 / 여자 종업원일 때: chị 찌

② **Cho tôi xin menu[thực đơn].**
쩌 또이 씬 메뉴 특 던

③ **Cho tôi một(1) bát phở.** 북부
쩌 또이 못 밧 퍼
Cho tôi một(1) tô phở. 남부
쩌 또이 못 또 퍼

④ **Cho tôi hai(2) chai bia tươi.**
쩌 또이 하이 짜이 비아 뜨이

⑤ **Đừng cho rau mùi nhé.** 북부
등 쩌 자우 무이 네
Đừng cho rau thơm nhé. 남부
등 쩌 라우 텀 네

⑥ **Có thể làm cay hơn được không ạ?**
꺼 테 람 까이 헌 드억 컴 아

⑦ **Có tỏi không ạ?**
꺼 또이 컴 아

고추: ớt 엇   소금: muối 무오이
후추: tiêu 띠에우
간장: xì dầu 씨 저우 (북부) / nước tương 늑 뜽 (남부)
식초: giấm chua 점 쭈어

⑧ **Tôi không gọi món ăn này.**
또이 컴 거이 먼 안 나이

4 식사

4-2 커피숍에서 주문하기

① 아이스 커피 한 잔 주세요.

② 아보카도 스무디 한 잔 주세요.

③ 사탕수수 한 잔 주세요.

④ 연유를 더 넣어 주세요.

⑤ 얼음을 더 넣어 주세요. (얼음은 빼 주세요.)

⑥ 빨대는 어디 있나요?

⑦ 케이크 주세요.

① Cho tôi một cốc cà phê đá. 북부
   쩌 또이 못 꼽 까 페 다
   Cho tôi một ly cà phê đá. 남부
   쩌 또이 못 리 까 페 다

> 뜨거운 커피: cà phê nóng 까 페 놈
> 밀크 커피: cà phê sữa 까 페 스아
> 블랙 커피: cà phê đen 까 페 댄

*남부에서는 '잔'을 나타낼 때 cốc(꼽) 대신 ly(리)를 씁니다.

② Cho tôi một cốc sinh tố bơ.
   쩌 또이 못 꼽 씬 또 버

③ Cho tôi một cốc nước mía.
   쩌 또이 못 꼽 느억 미아

④ Cho thêm sữa đặc vào ạ.
   쩌 템 스아 닥 바오 아

⑤ Cho thêm đá vào. (Đừng cho đá nhé.)
   쩌 템 다 바오   등 쩌 다 녜

⑥ Ống hút ở đâu ạ?
   옴 훗 어 더우 아

⑦ Cho tôi bánh kem ạ.
   쩌 또이 반 깸 아

4-3 서비스 요청

❶ 음식은 언제 나오나요?

❷ 추가 주문하고 싶습니다.

❸ 자리를 바꿔도 될까요?

❹ 앞치마 있나요?

❺ 육수 좀 더 주세요.

❻ 젓가락 하나 갖다주세요.

❼ 너무 짜네요!

❽ 불이 꺼졌어요. / 가스가 떨어졌어요.

4-3

❶ **Khi nào món ăn ra?**
키 나오 먼 안 자

❷ **Tôi muốn gọi thêm món ăn nữa.**
또이 무온 거이 템 먼 안 느어

❸ **Đổi chỗ khác được không ạ?**
도이 쪼 칵 드억 컴 아

4 식사

❹ **Có tạp dề không ạ?**
꺼 땁 제 컴 아

❺ **Cho thêm nước dùng ạ.**
쩌 템 느억 줌 아

포크: nĩa 니아
나이프: con dao 껀 자오
접시: đĩa 디아
그릇: bát 밧 (북부), tô 또 (남부)
컵: cốc 꼽 (북부) / ly 리 (남부)
냅킨: khăn ăn 칸 안
물티슈: khăn ướt 칸 웃, khăn lạnh 칸 라인

❻ **Mang cho tôi một đôi đũa ạ.**
망 쩌 또이 못 도이 두어 아

맛있다: ngon 응언
맛없다: không ngon 컴 응언
맵다: cay 까이   시다: chua 쭈어
싱겁다: nhạt 냣   짜다: mặn 만
쓰다: đắng 당   달다: ngọt 응엇

❼ **Mặn quá!**
만 꾸아

❽ **Hết ga rồi. / Lửa tắt rồi ạ.**
헷 가 조이   르어 땃 조이 아

4-4 계산

① 계산해 주세요.

② 얼마인가요?

③ 영수증 주세요.

④ 카드로 계산할게요.

⑤ 달러로 계산 가능한가요?

⑥ 세금 포함된 가격인가요?

⑦ 계산이 맞지 않습니다.

⑧ 다시 한 번 확인해 주세요.

❶ Tính tiền ạ.
띤 띠엔 아

❷ Bao nhiêu tiền?
바오 니에우 띠엔

❸ Cho tôi xin hóa đơn.
쩌 또이 씬 호아 던

❹ Tôi sẽ trả tiền bằng thẻ.
또이 쌔 짜 띠엔 방 테

❺ Trả tiền bằng tiền đô la được không ạ?
짜 띠엔 방 띠엔 도 라 드억 컴 아

❻ Giá bao gồm tiền thuế phải không ạ?
자 바오 곰 띠엔 투에 퐈이 컴 아

❼ Tính tiền không đúng ạ.
띤 띠엔 컴 둠 아

❽ Xin kiểm tra lại giùm ạ.
씬 끼엠 짜 라이 줌 아

베트남어로 과일 이름 말하기

과일: Hoa quả 호아 꾸아 (북부) / Trái cây 짜이 꺼이 (남부)

망고	xoài 쏘아이
두리안	sầu riêng 서우 지엥
바나나	chuối 쭈오이
아보카도	bơ 버
딸기	dâu 저우
파인애플	dứa 즈어 / thơm 텀
망고스틴	măng cụt 망 꿋
라임	chanh 짠
코코넛	dừa 즈어
용과	thanh long 타인 롬
람부탄	chôm chôm 쫌 쫌
파파야	đu đủ 두 두

베트남 음식 소개 2

1 스무디 '씬 또(sinh tố)'

베트남의 과일주스 혹은 스무디로 연유와 설탕을 믹서에 넣고 과일을 반 이상 통째로 넣고 갈기 때문에 매우 달고 진합니다. 특히 열대과일인 아보카도, 두리안, 망고 등을 시켜 먹으면 신선하고 독특한 맛을 즐길 수 있으며 커피와 함께 섞어 주문하면 과일과 커피 맛을 같이 느낄 수 있습니다.

2 바게트 샌드위치 빵 '반 미(bánh mì)'

'반 미'는 바게트와 비슷한 모양으로 쌀로 만들어져 더욱 고소하며 '반 미'를 잘라 그 안에 햄, 돼지고기, 야채, 고수, 달걀 등을 넣어 먹습니다. 베트남 특유의 매콤한 양념과 향채(고수) 등을 넣어 맛을 내기도 합니다.

3 돼지고기 덮밥 '껌 슨(cơm sườn)'

한국인의 입맛에도 딱 맞는 숯불 바비큐로 만든 돼지고기 덮밥으로 '껌(cơm)'은 '밥', '슨(sườn)'은 '갈비'라는 뜻입니다. 고기 위에 달걀과 쌀밥, 파, 무 등을 올려 느억맘(베트남 디핑 소스)과 같이 비벼 먹습니다.

Chapter 5

관광 Tham quan 탐 꾸안

- 5-1 투어 문의 (1)
- 5-2 투어 문의 (2)
- 5-3 관광 명소 및 쇼 관람
- 5-4 사진 촬영

베트남의 유명 관광지

✿ 필요할 때 통하는 단어

시장: **chợ** 쩌
야시장: **chợ đêm** 쩌 뎀
백화점: **cửa hàng bách hóa** 끄어 항 바익 호아
　　　　trung tâm mua sắm 쭝 떰 무어 삼
호텔: **khách sạn** 카익 산
해변: **bãi biển** 바이 비엔
은행: **ngân hàng** 응언 항
식당: **nhà hàng** 냐 항
대학교: **trường đại học** 쯔엉 다이 홉
우체국: **bưu điện** 브으우 디엔
성당: **nhà thờ** 냐 터
마켓: **siêu thị** 시에우 티
공원: **công viên** 꼼 비엔
통일궁: **Dinh Thống Nhất** 진 톰 녓
박물관: **bảo tàng** 바오 땅
전쟁박물관: **bảo tàng chiến tranh** 바오 땅 찌엔 짠
버스 정류장: **trạm xe buýt** 짬 쌔 뷧

5-1 투어 문의 (1)

❶ 한국어로 된 관광안내서 있나요?

❷ 투어 일정이 어떻게 되나요?

❸ 시내 투어만 하고 싶습니다.

❹ 이곳에서 바로 예약하고 싶습니다.

❺ 버스는 몇 시에 출발합니까?

❻ 이 투어는 몇 시부터 몇 시까지인가요?

❼ 버스는 어디에서 출발합니까?

❽ 버스는 이곳에서 타시면 됩니다.

❶ Có giấy hướng dẫn du lịch bằng tiếng Hàn
꺼 져이 흐엉 젼 주 리익 방 띠엥 한
Quốc không ạ?
꿕 컴 아

❷ Lịch trình chuyến đi thế nào ạ?
릿 찐 쭈이엔 디 테 나오 아

❸ Tôi chỉ muốn đi tour trong thành phố.
또이 찌 무온 디 뚜어 쫌 탄 포

❹ Tôi muốn đặt ngay ở đây.
또이 무온 닷 응아이 어 더이

❺ Xe buýt khởi hành lúc mấy giờ?
쌔 븟 커이 한 룹 머이 저

❻ Tour này từ mấy giờ đến mấy giờ xong?
뚜어 나이 뜨 머이 저 덴 머이 저 쏨

❼ Xe buýt khởi hành ở đâu ạ?
쌔 븟 커이 한 어 더우 아

❽ Lên xe buýt ở đây ạ.
렌 쌔 븟 어 더이 아

5-2 투어 문의 (2)

❶ 식사 요금은 포함되어 있나요?

❷ 시내를 도는 투어가 있나요?

❸ 1박 2일 투어로 가고 싶습니다.
(숫자 표현 부록 참고)

❹ 영어로 설명 가능한 투어 있나요?

❺ 이 코스는 얼마인가요?

❻ 이 투어는 몇 시간 정도 걸리나요?

❼ 보통 어떤 곳을 구경하나요?

❽ 이것 외에 다른 투어가 또 있나요?

❶ Có bao gồm phí ăn không ạ?
꺼 바오 곰 피 안 컴 아

❷ Có tour đi vòng quanh thành phố không ạ?
꺼 뚜어 디 봉 꾸안 타인 포 컴 아

❸ Tôi muốn đi tour hai(2) ngày một(1) đêm.
또이 무온 디 뚜어 하이 응아이 못 뎀

❹ Có tour nào mà hướng dẫn bằng tiếng Anh không ạ?
꺼 뚜어 나오 마 흐엉 전 방 띠엥 아인 컴 아

❺ Tour này bao nhiêu tiền?
뚜어 나이 바오 니에우 띠엔

❻ Tour này đi mất mấy tiếng ạ?
뚜어 나이 디 멋 머이 띠엥 아

❼ Thường thì hay đi tham quan nơi nào ạ?
트엉 티 하이 디 탐 꾸안 너이 나오 아

❽ Ngoài tour này ra thì còn có tour nào nữa không ạ?
응오아이 뚜어 나이 자 티 껀 꺼 뚜어 나오 느어 컴 아

5-3 관광 명소 및 쇼 관람

① 요금(표)은 얼마입니까?

② 몇 시까지 집합하면 됩니까?

③ 기념품을 파는 곳은 어디입니까?

④ 이곳이 기다리는 줄 맞습니까?

⑤ 실례지만, 화장실은 어디 있나요?

⑥ 이곳은 무엇을 상영하는 곳인가요?

⑦ 몇 시부터 몇 시까지 상영하나요?

⑧ (표를 보여주면서) 이 좌석은 어디인가요?

❶ Vé bao nhiêu tiền?
   배 바오 니에우 띤

❷ Đến mấy giờ phải tập hợp lại ạ?
   덴 머이 저 파이 떱 헙 라이아

❸ Nơi bán đồ kỷ niệm ở đâu ạ?
   너이 반 도 끼 니엠 어 더우 아

❹ Chỗ này là chỗ xếp hàng để đợi phải không ạ?
   쪼 나이 라 쪼 쎕 항 데 더이 파이 컴 아

❺ Xin lỗi, nhà vệ sinh ở đâu ạ?
   씬 로이 냐 베 씬 어 더우 아

❻ Ở đây là chỗ trình chiếu gì?
   어 더이 라 쪼 찐 찌에우 지

❼ Chiếu từ mấy giờ đến mấy giờ?
   찌에우 뜨 머이 저 덴 머이 저

❽ Chỗ ngồi này là ở đâu ạ?
   쪼 응오이 나이 라 어 더우 아

5-4 사진 촬영

❶ 이곳은 사진 촬영이 가능한 장소인가요?

❷ 여기에서 사진을 찍어도 될까요?

❸ 이곳은 사진 촬영 금지 구역인가요?

❹ 실례합니다만, 사진 좀 찍어 주시겠어요?

❺ 여기를 누르면 됩니다.

❻ 죄송하지만 1장 더 찍어 주시겠습니까?

❼ 괜찮으시다면 함께 찍으시겠습니까?

❽ 정말 감사합니다.

❶ Chỗ này có thể chụp ảnh được không ạ? 북부
 쪼 나이 꺼 테 쭙 아인 드억 컴 아
 Chỗ này có thể chụp hình được không ạ? 남부
 쪼 나이 꺼 테 쭙 힌 드억 컴 아

*남부에서는 '사진을 찍다'를 나타낼 때 chụp ảnh(쭙 아인) 대신 chụp hình(쭙 힌)을 씁니다.

❷ Tôi có thể chụp ảnh ở đây được không ạ?
 또이 꺼 테 쭙 아인 어 더이 드억 컴 아

❸ Ở đây có cấm chụp ảnh không ạ?
 어 더이 꺼 껌 쭙 아인 컴 아

❹ Xin lỗi, chụp ảnh giùm tôi được không ạ?
 씬 로이 쭙 아인 줌 또이 드억 컴 아

❺ Bấm ở đây là được ạ.
 범 어 더이 라 드억 아

❻ Xin lỗi, chụp thêm một lần nữa được không ạ?
 씬 로이 쭙 템 못 런 느어 드억 컴 아

❼ Anh/chị chụp chung với tôi được không ạ?
 안/찌 쭙 쭘 버이 또이 드억 컴 아

*남자: anh 안 / 여자: chị 찌

❽ Cảm ơn nhiều.
 깜 언 니에우

베트남의 유명 관광지

〈하노이〉

호찌민 박물관은 베트남 독립 영웅가 호찌민(Hồ Chí Minh, 1890~1969)의 탄생 100주년을 기념하여 세워졌습니다. 이곳에는 호찌민의 유체가 밀랍 상태로 보존되어 있으며 소련의 지원으로 지어져 당시 소련의 건축양식을 잘 볼 수 있습니다. 호찌민 묘소 뒤편에 위치해 있는 이 박물관은 호찌민의 생애, 유년 시절을 비롯해 호찌민의 생전 모습과 베트남 독립을 선포한 이후 살았던 그의 집을 비롯해 베트남 혁명 등의 여러 전시물을 볼 수 있습니다.

호찌민 박물관
Bảo tàng Hồ Chí Minh

〈호찌민〉

노트르담 대성당은 19세기 프랑스 식민지 시절에 건설된 가톨릭 교회로 호찌민 도심 1군에 있습니다. 파리의 성당과 같은 이름인 이 노트르담 대성당은 약 18년에 걸쳐 프랑스에 의해 건축되었으며 붉은 벽돌로 지은 네오 로마네스크 양식과 40m 높이인 두 개의 첨탑, 성당 앞 광장에 세운 성모 마리아상의 화려하고 웅장한 모습이 눈길을 이끕니다. 평일 아침과 저녁, 매주 일요일에 미사를 진행하며 성당을 배경으로 웨딩 사진을 촬영하는 신랑, 신부의 모습도 볼 수 있습니다.

노트르담 대성당
Nhà thờ Đức Bà

<다낭>

다낭의 대표 관광지로 유명한 '오행산'은 5개의 봉우리로 이어진 산 전체가 대리석으로 이루어져 있어서 영어로는 '마블 마운틴'으로 불립니다. 고대 동양 철학에 따른 5개의 봉우리는 각각 금, 나무, 물, 불, 흙의 5가지 원소를 바탕으로 이름이 불리게 되었습니다. 이 중 가장 높은 산인 투이썬에 오르면 오행산 전체를 볼 수 있을 뿐만 아니라 다낭의 전경 또한 한눈에 볼 수 있습니다. 또한 오행산 근처에는 대리석 공방이 많아 다양한 대리석 제품을 만드는 과정을 직접 볼 수 있습니다.

오행산, 마블 마운틴
Núi Ngũ Hành Sơn

<무이네>

베트남의 하와이라고 불리는 무이네는 호찌민 북동쪽 해안가에 자리하고 있는 아주 작은 도시입니다. 호찌민에서 고속버스로 6~7시간 정도 소요되며 현지인들에게도 이국적인 분위기의 도시로 유명합니다. 이곳은 하얀색 모래로 뒤덮인 '화이트 샌즈'와 붉은 모래로 뒤덮힌 '레드 샌즈'로 유명하며 화이트 샌즈에서는 오토바이를, 레드 샌즈에서는 모래 썰매를 탈 수 있습니다.

무이네 Mũi Né

Chapter 6

쇼핑 Mua sắm 무어 쌈

- 6-1 둘러보기
- 6-2 착용
- 6-3 사이즈
- 6-4 물건 구입 (1)
- 6-5 물건 구입 (2)

베트남 전통 모자 넌 라(nón lá)
베트남어로 색깔 말하기

🌸 필요할 때 통하는 단어

옷 종류

우비: **áo mưa** 아오 므어 바지: **quần** 꾸언
티셔츠: **áo phông** 아오 폼 치마: **váy** 바이
원피스: **váy liền** 바이 리엔 속옷: **đồ lót** 도 럿
외투: **áo khoác** 아오 코악 벨트: **thắt lưng** 탓 릉
양말: **vớ** 버 마스크: **khẩu trang** 커우 짱
모자: **mũ** 무 (북부) / **nón** 넌 (남부)
셔츠&블라우스: **áo sơ mi** 아오 서 미
헬멧: **mũ bảo hiểm** 무 바오 히엠 (북부)
   nón bảo hiểm 넌 바오 히엠 (남부)

신발 종류

구두: **giày** 자이
운동화: **giày thể thao** 저이 테 타오
샌달&슬리퍼: **dép quai hậu** 젭 꾸아이 허우 (북부)
   dép lê 옙 레 (남부)
하이힐: **giày cao gót** 저이 까오 것

귀금속

금: **vàng** 봥 은: **bạc** 박
목걸이: **vòng cổ** 봥 꼬 귀걸이: **bông tai** 봉 따이
반지: **nhẫn** 년 팔찌: **vòng tai** 방 따이

기타

지갑: **ví** 비 화장품: **mỹ phẩm** 미 펌
시계: **đồng hồ** 돔 호 담배: **thuốc lá** 투억 라
커피: **cà phê** 까 페 땅콩: **đậu phộng** 더우 퐁
가방: **túi xách** 뚜이 싸익
말린 과일: **hoa quả sấy khô** 호아 꾸아 서이 코 (북부)
   trái cây sấy khô 짜이 꺼이 서이 코 (남부)

6-1 둘러보기

① 여기가 빈컴 백화점 맞나요?

② 엘리베이터는 어디 있나요?

③ 저것을 보여 주세요.

④ 다른 색깔도 보여 주세요.

⑤ 다른 디자인도 보여 주세요.

⑥ 이것은 어느 나라(메이커) 것입니까?

⑦ 이것은 진품인가요, 모조품인가요?

⑧ 신상품 있나요?

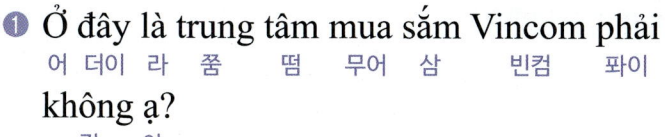

❶ Ở đây là trung tâm mua sắm Vincom phải không ạ?
어 더이 라 쯤 떰 무어 삼 빈컴 퐈이 컴 아

❷ Thang máy ở đâu ạ?
탕 마이 어 더우 아

❸ Cho tôi xem cái kia ạ.
쩌 또이 쌤 까이 끼아 아

❹ Cho tôi xem màu khác ạ.
쪼 또이 쌤 마우 칵 아

❺ Cho tôi xem kiểu khác ạ.
쪼 또이 쌤 끼에우 칵 아

❻ Cái này là của nước nào ạ?
까이 나이 라 꾸어 늑 나오 아

❼ Cái này là hàng thật hay hàng giả?
까이 나이 라 항 텃 하이 항 자

❽ Có hàng mới ra không ạ?
꺼 항 머이 자 컴 아

6-2 착용

① 둘러봐도 될까요?

② 먹어 봐도 될까요?

③ 입어 봐도 될까요?

④ 신어 봐도 될까요?

⑤ (안경, 선글라스, 반지, 목걸이, 팔찌, 시계) 착용해 봐도 될까요?

⑥ (모자&헬멧) 써 봐도 될까요?

⑦ 들어 봐도 될까요?

⑧ 사용해 봐도 될까요?

❶ Tôi xem thử được không ạ?
또이 쌤 트 득 컴 아

❷ Tôi ăn thử được không ạ?
또이 안 트 득 컴 아

❸ Tôi mặc thử được không ạ?
또이 막 트 득 컴 아

❹ Tôi mang thử được không ạ?
또이 망 트 득 컴 아

❺ Tôi đeo thử được không ạ?
또이 데오 트 득 컴 아

❻ Tôi đội thử được không ạ?
또이 도이 트 득 컴 아

❼ Tôi cầm thử được không ạ?
또이 껌 트 득 컴 아

❽ Tôi dùng thử được không ạ?
또이 줌 트 득 컴 아

6-3 사이즈

① 사이즈가 커요.

② 사이즈가 작아요.

③ 한 사이즈 큰[작은] 것으로 주세요.

④ 중간 사이즈로 주세요.

⑤ 사이즈가 딱 맞아요.

⑥ (길이가) 너무 길어요.

⑦ (길이가) 너무 짧아요.

⑧ 저는 35사이즈 신발을 신습니다.
(숫자 표현 부록 참고)

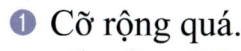

❶ Cỡ rộng quá.
  꺼 좀 꾸아

❷ Cỡ nhỏ quá.
  꺼 녀 꾸아

❸ Cho tôi một cỡ rộng[nhỏ] hơn.
  쩌 또이 못 꺼 좀[녀] 헌

❹ Cho tôi cỡ giữa.
  쩌 또이 꺼 즈어

❺ Cỡ này vừa ạ.
  꺼 나이 브어 아

❻ (Chiều dài) dài quá.
  찌에우 자이 자이 꾸아

❼ (Chiều dài) ngắn quá.
  찌에우 자이 응안 꾸아

❽ Tôi mang cỡ ba mươi lăm(35).
  또이 망 꺼 바 므어이 람

6-4 물건 구입 (1)

① 이것은 얼마인가요?

② 비싸요.

③ 깎아 주세요.

④ 조금만 더 깎아 주실 수 있나요?

⑤ 교환되나요?

⑥ 환불되나요?

⑦ 새 제품으로 주세요.

⑧ 품절입니다.

① **Cái này bao nhiêu tiền?**
까이 나이 바오 니에우 띠엔

② **Đắt quá.** 북부
닷 꾸아

Mắc quá. 남부
막 꾸아

③ **Giảm giá đi anh/chị.**
쟘 자 디 안/찌

*상인이 남자일 때: anh 안 / 상인이 여자일 때: chị 찌

④ **Có thể giảm giá một chút nữa được không ạ?**
꺼 테 쟘 쟈 못 쭛 느어 득 컴 아

⑤ **Đổi hang được không ạ?**
도이 항 득 컴 아

⑥ **Trả lại được không ạ?**
짜 라이 득 컴 아

⑦ **Cho tôi hàng mới ạ.**
쩌 또이 항 머이 아

⑧ **Hết hàng rồi.**
헷 항 조이

6-5 물건 구입 (2)

❶ 이 물건으로 구입할게요.

❷ 다시 한번 (물건을) 확인해 볼게요.

❸ 포장해 주세요.

❹ 쇼핑백에 넣어 주세요.

❺ 카드로 계산할게요.

❻ 영수증 주세요.

❼ 거스름돈이 맞지 않습니다.

❽ 둘러보고 다시 올게요.

❶ Tôi sẽ mua cái này.
또이 쌔 무어 까이 나이

❷ Tôi sẽ kiểm trả hàng lại.
또이 쌔 끼엠 짜 항 라이

❸ Gói vào giùm tôi.
거이 바오 줌 또이

❹ Cho vào túi giùm tôi.
쩌 바오 뚜이 줌 또이

❺ Tôi sẽ trả tiền bằng thẻ.
또이 쌔 짜 띠엔 방 태

❻ Cho tôi xin hóa đơn.
쩌 또이 씬 호아 던

❼ Xin lỗi, tiền trả lại không đúng.
씬 로이 띠엔 짜 라이 컴 둠

❽ Tôi đi rồi lát quay lại nhé.
또이 디 조이 랏 꾸아이 라이 녜

베트남 전통 모자 넌 라(nón lá)

'넌 라(nón lá)'는 삿갓 모양의 베트남 전통 모자로 강한 햇빛과 비를 피하기 위해 만들어졌습니다. 대나무를 잘라 말려서 엮은 후 턱 끈을 만들어 묶어주면 완성이 됩니다. 가볍고 햇빛 가리개 및 우산 역할도 해 주어 베트남의 전통 의상 아오자이와 함께 베트남을 상징하는 물건 중 하나로 꼽힙니다.

베트남어로 색깔 말하기

색깔: Màu sắc 마우 삭

빨간색	màu đỏ 마우 더
주황색	màu cam 마우 깜
노란색	màu vàng 마우 방
초록색	màu xanh lá cây 마우 싼 라 꺼이
파란색	màu xanh dương 마우 싼 즈엉
하늘색	màu xanh da trời 마우 싼 자 쩌이
보라색	màu tím 마우 띰
흰색	màu trắng 마우 짱
검은색	màu đen 마우 댄
회색	màu xám 마우 쌈
갈색	màu nâu 마우 너우
분홍색	màu hồng 마우 홈

Chapter 7

긴급 상황 Tình hình khẩn cấp 띠인 히인

- **7-1** 분실
- **7-2** 도난 및 화재
- **7-3** 사고
- 베트남에서 전화 걸기

🌸 필요할 때 통하는 단어

한국 대사관: **đại sứ quán Hàn Quốc** 다이 스 꾸안 한 꿕
한국 영사관: **lãnh sự quán Hàn Quốc** 란 스 꾸안 한 꿕
경찰: **công an** 꼼 안 / **cảnh sát** 깐 쌋
여권: **hộ chiếu** 호 찌에우
지갑: **cái ví** 까이 비
가방: **túi xách** 뚜이 쌋
휴대폰: **điện thoại** 디엔 토아이

7-1 분실

① 여권을 잃어버렸습니다.

② 휴대폰을 잠시 빌릴 수 있을까요?

③ 한국 대사관이 어디인가요?

④ 한국 대사관 번호를 알고 싶습니다.

⑤ 택시 안에 물건을 두고 내렸습니다.

⑥ 어디에서 잃어버렸는지 모르겠습니다.

⑦ 물건을 찾을 수 있을까요?

⑧ 물건을 찾으시면 이곳으로 연락 주십시오.

  7-1

❶ Tôi bị mất hộ chiếu.
또이 비 멋 호 찌에우

지갑: cái ví 까이 비
가방: túi xách 뚜이 싻
휴대폰: điện thoại 디엔 토아이

❷ Tôi mượn điện thoại một chút được không ạ?
또이 므언 디엔 토아이 못 쭛 드억 컴 아

❸ Đại sứ quán Hàn Quốc ở đâu ạ?
다이 스 꾸안 한 꿕 어 더우 아

영사관: lãnh sự quán 란 스 꾸안

❹ Tôi muốn biết số điện thoại của đại sứ quán
또이 무온 비엣 소 디엔 토아이 꾸어 다이 스 꾸안
Hàn Quốc.
한 꿕

❺ Khi xuống tôi để quên đồ ở trong tắc xi.
키 쑤옹 또이 데 꾸엔 도 어 쫌 딱 씨

❻ Tôi cũng không biết là đã đánh mất ở đâu.
또이 꿈 컴 비엣 라 다 단 멋 어 더우

❼ Có thể tìm lại đồ của tôi được không ạ?
꺼 테 띰 라이 도 꾸어 또이 드억 컴 아

❽ Nếu tìm lại được đồ thì liên lạc đến địa chỉ
네우 띰 라이 드억 도 티 리엔 락 덴 디아 찌
này giùm tôi ạ.
나이 줌 또이 아

7-2 도난 및 화재

① 소매치기를 당했어요.

② 날치기를 당했어요.

③ 도둑입니다.

④ 화재입니다.

⑤ 오토바이를 도난당했습니다.

⑥ 제 물건을 훔쳐 간 오토바이 번호입니다.

⑦ 공안을 불러 주세요.

⑧ 소방차를 불러 주세요.

❶ Tôi bị móc túi.
또이 비 몹 뚜이

❷ Tôi bị cướp đồ.
또이 비 꼽 도

❸ Là kẻ trộm.
라 깨 쫌

❹ Bị hỏa hoạn. / Bị cháy.
비 호아 호안 / 비 짜이

❺ Tôi bị cướp xe máy.
또이 비 꼽 쌔 마이

❻ Đây là biển số xe máy đã cướp đồ của tôi.
더이 라 비엔 소 쌔 마이 다 꼽 도 꾸어 또이

❼ Gọi công an giùm tôi.
거이 꼼 안 줌 또이

❽ Gọi xe cứu hỏa giùm tôi.
거이 쌔 끄으우 호아 줌 또이

7-3 사고

① 도와주세요.

② 교통사고를 당했어요.

③ 뺑소니입니다.

④ 추락 사고입니다.

⑤ 물에 빠졌어요.

⑥ 해난 사고입니다.

⑦ 제일 가까운 병원은 어디인가요?

⑧ 구급차를 불러 주세요.

❶ Giúp tôi với.
줍   또이 버이

❷ Đã bị tai nạn giao thong.
다 비 따이 난   자아   톰

❸ Xảy ra tai nạn xe đó đã bỏ chạy.
싸이 자 따이 난 쌔 더 다 버 짜이

❹ Tai nạn do bị rơi xuống.
따이 난 저 비 저이 쑤옹

❺ Rơi xuống nước.
저이   쑤옹   느억

❻ Bị tai nạn trên biển.
비 따이 난 쩬 비엔

❼ Bệnh viện nào gần đây nhất ạ?
벤   비엔 나오 건 다이 녓 아

❽ Gọi xe cấp cứu giùm tôi.
거이 쌔 껍 끄우 줌 또이

베트남에서 전화 걸기

1. 베트남에서 사용하는 긴급 전화번호

경찰서: **113**
소방서: **114**
응급차: **115**
전화번호 문의: **116**
시각 확인(Time Inquiries): **117**
한국 대사관(하노이):
(베트남 휴대폰으로 걸 때)
04) 3831 5110~6
(한국 휴대폰으로 걸 때)
+84 4) 3831 5110~6
한국 총영사관 (호치민):
(베트남 휴대폰으로 걸 때)
3822 5757
(한국 휴대폰으로 걸 때)
+84 8) 3822 5757

2. 베트남에서 전화 거는 방법

국내 장거리: **101**
국제 연결: **00 +** 국가 번호
국제전화 서비스: **110**
국제전화 요금 안내: **142**
국제전화 서비스 문의: **143**

3 베트남 국가 번호

84

4 베트남 지역 번호

> 전화 걸 때: 0+지역 번호+전화번호*

하노이(Hà Nội): **24**
호찌민(Hồ Chí Minh): **28**
하이퐁(Hải Phòng): **225**
박닌(Bắc Ninh): **222**
후에(Huế): **234**
다낭(Đà Nẵng): **236**
붕따우(Vũng Tàu): **254**
롱안(Long An): **272**
빈롱(Vĩnh Long): **270**
빈증(Bình Dương): **274**
동나이(Đồng Nai): **251**
껀터(Cần Thơ): **292**

Chapter 8

질병 Bệnh tật 벤 떳

- 8-1 증상 (1)
- 8-2 증상 (2)
- 8-3 증상 (3) 및 병원 이용
- 8-4 약국 이용

베트남의 약국

추천 선물 리스트

🌸 필요할 때 통하는 단어

의사: **bác sĩ** 박 시
간호사: **y tá** 이 따
약: **thuốc** 투옥
병원: **bệnh viện** 벤 비엔
약국: **hiệu thuốc** 히에우 투옥 / **nhà thuốc** 냐 투옥
감기: **bị cảm** 비 깜
염증: **viêm** 비엠
식중독: **ngộ độc thực phẩm** 응오 돕 특 펌
알레르기: **dị ứng** 지 응
스트레스: **bị căng thẳng** 비 깡 탕
안약: **thuốc mắt** 투옥 맛
모기약: **thuốc muỗi** 투옥 무오이

머리: **đầu** 더우
코: **mũi** 무이
귀: **tai** 따이
손: **tay** 따이
발: **chân** 쩐
허리: **eo** 에오
어깨: **vai** 봐이
치아: **răng** 장
피부: **da** 자

눈: **mắt** 맛
입: **miệng** 미엥
목: **cổ** 꼬
손가락: **ngón tay** 응언 따이
발가락: **ngón chân** 응언 쩐
배: **bụng** 붐

8-1 증상 (1)

❶ 저는 지금 열이 나요.

❷ 어지러워요. / 머리가 아파요.

❸ 배가 아파요.

❹ 설사를 해요.

❺ 소화가 안 돼요.

❻ 토를 했어요.

❼ 목이 아파요.

❽ 가래가 나와요.

❶ Tôi đang bị sốt.
또이 당 비 솟

❷ Chóng mặt. / Đau đầu.
쫑앙 맛 다우 더우

❸ Bị đau bụng.
비 다우 붐

❹ Bị tiêu chảy.
비 띠에우 짜이

❺ Không tiêu hóa được.
컴 띠에우 호아 드억

❻ Ói rồi. / Nôn rồi.
어이 조이 논 조이

❼ Đau họng.
다우 홍

❽ Có đờm.
꺼 덤

8-2 증상 (2)

❶ 콧물이 나와요.

❷ 코가 막혀요.

❸ 기침을 자주 해요.

❹ 몸살이 온 것 같아요.

❺ 가려워요.

❻ 이가 시려요.

❼ 상처가 나서 피가 나요.

❽ 넘어져서 부러졌어요.

8-2

❶ Bị sổ mũi.
비 소 무이

❷ Ngạt mũi.
응앗 무이

❸ Bị ho nhiều.
비 허 니에우

❹ Bị mệt mỏi.
비 멧 모이

❺ Bị ngứa.
비 응어

❻ Ê răng.
애 장

❼ Bị thương nên chảy máu.
비 트엉 넨 짜이 마우

❽ Do bị ngã nên bị gãy.
저 비 응아 넨 비 가이

8-3 증상 (3) 및 병원 이용

❶ 화상을 입었어요.

❷ 베였어요.

❸ 과음을 했어요.

❹ 한국어 통역사를 불러 주세요.

❺ 진단서를 작성해 주세요.

❻ 여행을 계속해도 괜찮을까요?

❼ 입원을 해야 합니다. 🦻

❽ 주사를 맞아야 합니다. 🦻

❶ Bị bỏng.
비 봄

❷ Bị đứt.
비 듯

❸ Uống rượu nhiều.
우옹 즈우 니에우

❹ Gọi thông dịch viên tiếng Hàn Quốc giùm tôi.
거이 톰 짓 비엔 띠엥 한 꿕 줌 또이

❺ Vui lòng viết giấy chẩn đoán cho tôi ạ.
브이 롬 비엣 저이 쩐 도안 쩌 또이 아

❻ Em đi du lịch tiếp được không ạ?
앰 디 주 리익 띱 드억 컴 아

❼ Anh/Chị phải nhập viện ạ.
안/찌 파이 녑 빈 아

*남자: anh 안 / 여자: chị 찌

❽ Anh/Chị phải tiêm thuốc.
안/찌 파이 띠엠 투옥

*남자: anh 안 / 여자: chị 찌

8-4 약국 이용

① 감기약 주세요.

② 구충제 주세요.

③ 소독약 주세요.

④ 아스피린 주세요.

⑤ 모기에 심하게 물렸어요.

⑥ 반창고(붕대) 주세요.

⑦ 연고 주세요.

⑧ 하루에 3번, 2알씩 드세요.
(숫자 표현 부록 참고)

❶ Cho tôi thuốc cảm ạ.
쩌 또이 투옥 깜 아

❷ Cho tôi thuốc tẩy giun. 북부
쩌 또이 투옥 따이 준

Cho tôi thuốc sán. 남부
쩌 또이 투옥 산

❸ Cho tôi thuốc sát trùng.
쩌 또이 투옥 삿 쭘

❹ Cho tôi thuốc át-pi-rin.
쩌 또이 투옥 앗 삐린

❺ Tôi bị muỗi cắn nặng.
또이 비 무오이 깐 낭

❻ Cho tôi băng gạt.
쩌 또이 방 갓

❼ Cho tôi thuốc mỡ.
쩌 또이 투옥 머

❽ Một ngày uống ba(3) lần mỗi lần hai(2)
못 응아이 우옹 바 런 모이 런 하이
viên.
비엔

 베트남 약국

    베트남 약국에서는 의사 처방이 필요한 것은 반드시 진료를 받은 후 처방 받아야 한다는 점은 우리나라와 비슷하지만 의사 처방 없이도 판매되는 약품들이 있습니다. 세계적으로 알려진 유명 제약회사의 약이나 한국에서 먹었던 약 이름을 영어로 적어 약사에게 보여 주면 같은 브랜드의 약이나 혹은 비슷한 약을 처방해 줍니다. 베트남에서 판매하는 약은 대부분 선진국에서 수입한 것으로 한국보다 저렴하게 살 수 있는 장점이 있습니다.

베트남의 약국

추천 선물 리스트

1 커피
- **쭝웬(Trung Nguyên):** 베트남의 최고급 커피 브랜드로 유명한 쭝웬 커피는 카페인 함유량이 1부터 9까지 숫자로 표시되어 있어 취향에 따라 골라서 마실 수 있습니다.
- **G7:** 가장 대중적인 맛으로 베트남을 대표하는 커피 브랜드 중 하나이며 다양한 종류로 선택의 폭이 넓고 가격 또한 저렴합니다.
- **콘삭:** 일명 다람쥐똥 커피로 유명한 이 커피는 베트남에서만 살 수 있는 대표적인 기념품으로 자리 잡고 있습니다.

2 라면
한국 라면과는 다른 색다른 맛으로 하오하오(hảo hảo) 라면이 유명합니다. 봉지라면이지만 끓여 먹지 않고 컵라면처럼 물을 부어 먹는 것이 특징입니다.

3 과일칩
베트남 과일칩 중에서도 가장 유명한 비나밋(Vinamit) 과자는 방부제가 들어가지 않은 100% 천연 재료를 튀기지 않고 건조하여 만든 과자입니다. 자색고구마, 바나나, 잭 프룻 등이 혼합되어 있습니다.

4 치약
여러 생필품 가운데 특히 저렴하고 시린 이에 탁월한 효과가 있기로 유명한 센소다인 치약이 인기입니다. 베트남에서는 약국 안에 약 제품과 일반 생필품을 같이 판매하는 경우가 있어서 약국에서도 살 수 있습니다.

5 코코넛 오일
베트남에서 판매되고 있는 코코넛 오일은 천연 100% 코코넛으로 만들어져서 보디 오일, 헤어 에센스, 튼살 예방용 등 다양하게 사용할 수 있으며 먹을 수 있다고 합니다.

Chapter 9

귀국 Về nhà 베냐

- 9-1 공항 체크인
- 9-2 항공편 예약
- 9-3 항공편 예약 변경 및 취소
- 9-4 면세점 이용
- 9-5 기내에서

베트남 항공 수하물 규정
세관 신고

✿ 필요할 때 통하는 단어

> 시간

오전 (새벽): **buổi sáng** 부오이 상
점심: **buổi trưa** 부오이 쯔어
오후: **buổi chiều** 부오이 찌에우
저녁: **buổi tối** 부오이 또이
자정: **ban đêm** 반 뎀
공항: **sân bay** 썬 바이
국제 공항: **sân bay quốc tế** 썬 바이 꾸옥 떼
하노이 공항: **sân bay Nội Bài** 썬 바이 노이 바이
다낭 공항: **sân bay Đà Nẵng** 썬 바이 다 낭
냐짱 공항: **sân bay Cam Ranh** 썬 바이 깜 잔
호찌민 공항: **sân bay Tân Sơn Nhất** 썬 바이 떤 선 녓
출국: **xuất cảnh** 쑤엇 깐
출국 심사: **thủ tục xuất cảnh** 투 뚭 쑤엇 깐
세관 신고서: **giấy thuế quan** 저이 투에 꾸안 /
　　　　　　giấy hải quan 저이 하이 꾸안
게이트: **cửa** 끄어 / **cổng** 꽁
면세점: **cửa hàng miễn thuế** 끄어 항 미엔 투에

9-1 공항 체크인

❶ 창가 좌석으로 부탁합니다.

❷ 통로 좌석으로 부탁합니다.

❸ 수하물을 가지고 탑승하고 싶습니다.

❹ 짐은 20kg까지 가능합니다. 🎧
 (숫자 표현 부록 참고)

❺ 몇 번 게이트로 가야 하나요?

❻ 10번 게이트로 가십시오. 🎧
 (숫자 표현 부록 참고)

❼ 한국인 승무원 있나요?

❽ 아이가 있습니다. 베시넷 좌석을 이용하고 싶습니다.

❶ Tôi muốn chỗ ngồi cạnh cửa sổ.
또이 무온 쪼 응오이 깐 끄어 소

❷ Tôi muốn chỗ ngồi cạnh lối đi.
또이 무온 쪼 응오이 깐 로이 디

❸ Tôi muốn mang hành lý lên máy bay.
또이 무온 망 한 리 렌 마이 바이

❹ Hành lý dưới hai mươi(20) kg là được.
한 리 즈이 하이 므이 끼 라 드억

❺ Tôi phải đi cửa số mấy?
또이 퐈이 디 끄어 쇼 머이

❻ Mời anh/chị đi đến cửa số mười(10).
머이 안/찌 디 덴 끄어 쇼 므이

*남자: anh 안 / 여자: chị 찌

❼ Có tiếp viên hàng không Hàn Quốc không ạ?
꺼 띠엡 비엔 항 콤 한 꿕 컴 아

❽ Có em bé. Tôi muốn dùng chỗ ngồi có nôi.
꺼 앰 베 또이 무온 줌 쪼 응오이 꺼 노이

9-2 항공편 예약

❶ 호찌민에서 서울까지 가는 항공편을 예약하고 싶습니다.

❷ 10월 2일 오전[오후] 항공편으로 있나요?
(숫자 표현 부록 참고)

*베트남은 일, 월, 년 순서로 말합니다.

❸ 9월 3일 새벽[저녁] 항공편으로 있나요?
(숫자 표현 부록 참고)

*베트남은 일, 월, 년 순서로 말합니다.

❹ 예약 번호는 몇 번입니까?

❺ 몇 시에 출발입니까?

❻ 도착 시간은 몇 시인가요?

❼ 예약을 확인하고 싶습니다.

❶ Tôi muốn đặt chuyến bay đi từ Hồ Chí Minh đến Seoul.
또이 무온 닷 쭈옌 바이 디 뜨 호 찌 민 덴 서울

---

❷ Có chuyến bay buổi sáng[buổi chiều] ngày hai(2) tháng mười(10) không ạ?
꺼 쭈옌 바이 부오이 상 부오이 찌에우 응아이 하이 탕 므이 컴 아

---

❸ Có chuyến bay rạng sáng[buổi tối] ngày ba(3) tháng chín(9) không ạ?
꺼 쭈옌 바이 장 상 부오이 또이 응아이 바 탕 찐 컴 아

---

❹ Mã số đặt vé là số mấy?
마 소 닷 베 라 소 머이

---

❺ Khởi hành lúc mấy giờ?
커이 한 룹 머이 저

---

❻ Đến nơi lúc mấy giờ?
덴 너이 룹 머이 저

---

❼ Tôi muốn kiểm tra lại đặt vé.
또이 무온 끼엠 짜 라이 닷 베

9-3 항공편 예약 변경 및 취소

❶ 예약 번호는 00입니다.
   (숫자 표현 부록 참고)

❷ 예약을 변경하고 싶습니다.

❸ 아침 비행기를 저녁 비행기로 바꾸고 싶습니다.

❹ 예약을 취소해 주십시오.

❺ 떤 선 녓 공항에서의 출발을 노이 바이 공항 출발로 변경하고 싶습니다.

❻ 예약 변경 시 추가 비용이 부가됩니까?

❼ 같은 날짜로 해 주십시오.

❶ Mã số đặt là số 00.
마 소 닷 라 소

❷ Tôi muốn thay đổi đặt chỗ.
또이 무온 타이 도이 닷 쪼

❸ Tôi muốn đổi chuyến bay buổi sáng sang
또이 무온 도이 쭈옌 바이 부오이 상 상
chuyến buổi tối.
쭈옌 부오이 또이

새벽: rạng sáng 장(랑) 상   아침: buổi sáng 부오이 상
점심: buổi trưa 부오이 쯔어   오후: buổi chiều 부오이 찌에우
저녁: buổi tối 부오이 또이

❹ Tôi muốn hủy đặt.
또이 무온 후이 닷

❺ Tôi muốn đổi điểm khởi hành sân bay
또이 무온 도이 디엠 커이 한 선 바이
Tân Sơn Nhất sang sân bay Nội Bài.
떤 선 녓 상 선 바이 노이 바이

❻ Tôi thay đổi ngày đi thì có phát sinh thêm
또이 타이 도이 응아이 디 티 꺼 팟 씬 템
phí không ạ?
피 컴 아

❼ Ngày không thay đổi ạ.
응아이 컴 타이 도이 아

9-4 면세점 이용

❶ 면세점이 어디인가요?

❷ (브랜드명) 매장은 어디 있나요?
　화장품 매장은 어디 있나요?

❸ 술은 몇 ml까지 살 수 있나요?

❹ 담배는 몇 보루까지 살 수 있나요?

❺ 얼마인가요?

❻ 달러로 계산해도 되나요?

❼ 여권을 보여 주세요. 👂

❽ 탑승권을 보여 주세요. 👂

❶ Cửa hàng miễn thuế ở đâu ạ?
끄어 항 미엔 투에 어 더우 아

❷ Cửa hàng (브랜드명) ở đâu ạ?
끄어 항 어 더우 아

Cửa hàng mỹ phẩm ở đâu ạ?
끄어 항 미 펌 어 더우 아

> 초콜렛: sô cô la 쇼꼬라
> 안경: mắt kính 맛 낀
> 옷: quần áo 꾸언 아오
> 시계: đồng hồ 돔 호

❸ Có thể mua rượu được đến bao nhiêu mi-li-lít?
꺼 테 무어 즈우 드억 덴 바오 니에우 미리릿

❹ Có thể mua thuốc lá được đến bao nhiêu cây?
꺼 테 무어 투옥 라 드억 덴 바오 니에우 꺼이

❺ Bao nhiêu tiền?
바오 니에우 띠엔

❻ Trả tiền bằng đô la được không ạ?
짜 띠엔 방 도 라 드억 컴 아

❼ Cho tôi xem hộ chiếu.
쩌 또이 쌤 호 찌에우

❽ Cho tôi xem vé máy bay.
쩌 또이 쌤 베 마이 바이

9-5 기내에서

❶ 한국 승무원을 불러 주십시오.

❷ 저의 좌석을 못 찾겠습니다.

❸ 짐 올리는 것을 도와주세요.

❹ 자리를 바꿀 수 있을까요?

❺ 담요 하나만 가져다 주십시오.
(숫자 표현 부록 참고)

❻ 물 한 잔 가져다 주십시오.

❼ 세관 신고서 한 장 더 가져다 주십시오.

❽ 영어로 설명해 주시겠습니까?

❶ Gọi tiếp viên hàng không Hàn Quốc giùm tôi.
거이 띠엡 비엔 항 컴 한 꿕 줌 또이

❷ Tôi không tìm thấy chỗ ngồi của tôi.
또이 콤 띰 터이 쪼 응오이 꾸어 또이

❸ Cho hành lý lên khoang hành lý giùm tôi.
쩌 한 리 렌 코앙 한 리 줌 또이

❹ Đổi chỗ được không ạ?
도이 쪼 드억 컴 아

❺ Cho tôi một(1) cái chăn.
쩌 또이 못 까이 짠

❻ Cho tôi một cốc nước suối.
쩌 또이 못 꼽 느억 소이

오렌지 주스: nước cam 느 깜
포도 주스: nước nho 느 녀
와인: rượu vang 즈우 방
맥주: bia 비아
차: trà 짜

*남부에서는 '잔'을 나타낼 때 cốc(꼽) 대신 ly(리)를 씁니다.

❼ Mang cho tôi thêm một tờ giấy thuế quan.
망 쩌 또이 템 못 떠 저이 투에 꾸안

❽ Giải thích bằng tiếng Anh được không ạ?
자이 티익 방 띠엥 아인 드억 컴 아

베트남 항공 수하물 규정

 위탁 수하물 1개에 대한 중량 및 크기 제한은 최대 중량 32kg, 가로세로 높이의 합계가 203cm를 초과하지 않는 경우에만 허용이 됩니다. 기내 휴대가능 수하물은 7kg을 초과할 수 없고 가로세로, 높이의 합이 115cm를 초과하지 않아야 합니다. 일반 수하물의 경우 이코노미 좌석은 20kg의 수하물과 기내 탑승 가능한 수화물 1개, 비즈니스 좌석은 30kg의 수하물과 기내 탑승 가능한 수화물은 2개이며 초과 수하물은 요금을 부여하게 됩니다.

 베트남 항공은 스포츠 장비 위탁 수하물 운송 서비스도 제공하고 있습니다. 먼저 골프 세트는 최대 14개의 골프 클럽과 12개 골프 공 퍼팅 티, 골프화 1켤레를 포함하여 20kg을 초과하지 않는 골프 가방 1개의 기준으로 가능합니다. 서핑보드의 경우 1개의 서핑 장비만을 포함시키며 다이빙 장비의 경우 다이빙 슈트 1벌, 오리발, 다이빙 마스크, 스노클 1개를 포함합니다. 압력게이지나 탱크 등의 항목은 잠재적인 위험 품목으로 간주하여 금지되어 있습니다.

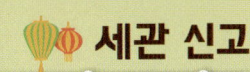

세관 신고

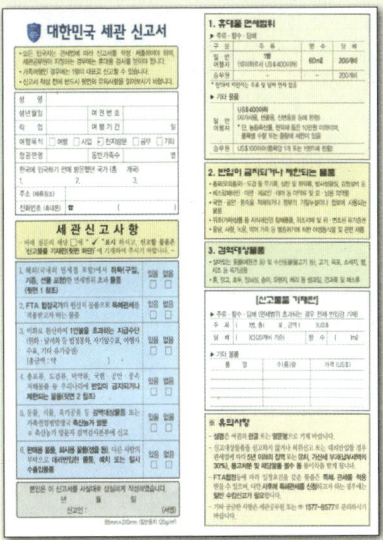

세관 신고서는 입국 시 기내에서 승무원이 1매씩 배부하니 신고서 기재 요령을 자세히 읽어 보시고 의문이 나는 사항은 승무원에게 작성 방법을 문의하여 빠짐없이 기재하세요. 동반 가족 또는 수학여행 등 단체 여행의 경우에는 대표자 1명이 기재하여 신고할 수 있습니다.

◆ 여행자가 휴대반입한 물품 중 면세 범위를 초과한 물품 및 반입제한 물품 등을 세관 신고서에 신고하지 아니하거나 다른 물품으로 허위 신고하여 반입한 경우 5년 이하의 징역 또는 관세액의 10배와 물품 원가 중 높은 금액 이하에 상당하는 벌금에 처하며 해당 물품을 몰수합니다.

◆ 해외여행 시 사용하고 입국 시 재반입할 고가(통상적으로 미화 600달러 이상)의 물품(외국산, 국산 불문)은 최초 출국 시 '휴대물품반출신고서'에 모델, 제조번호 등 상세한 규격을 기재하여 세관에 신고하여야만 입국 시 면세 통관이 가능하며, 한 번 신고한 동일한 물품은 재출국 시 세관 신고 절차가 생략됩니다.

Chapter 10
필요할 때 통하는 베트남어

- **10-1** 인사말
- **10-2** 자기소개
- **10-3** 대답하기
- **10-4** 날짜 및 시간
- **10-5** 날씨 표현
- **10-6** 연락처 교환
- **10-7** 베트남인과 친구하기 (1)
- **10-8** 베트남인과 친구하기 (2)

🌸 필요할 때 통하는 단어

직업

학생(초·중·고등학생): **học sinh** 홉 씬
대학생: **sinh viên** 씬 비엔
공무원: **nhân viên văn phòng** 년 비엔 반 퐁
회사원: **nhân viên công ty** 년 빈 꼼 띠
교사: **giáo viên** 자오 비엔
의사: **bác sĩ** 박 시   간호사: **y tá** 이 따
변호사: **luật sư** 루엇 스   비서: **thư ký** 트 끼
통역사: **thông dịch viên** 톰 짓 비엔
기술자: **kỹ sư** 끼 스
사장: **giám đốc** 쟘 돕, **sếp** 쎕
사업가: **doanh nhân** 조안 년

시간

시: **giờ** 저 (북부) / 여 (남부)   분: **phút** 풋
  예) 6시 10분: 6 giờ 10 phút
주: **tuần** 뚜언
  예) 일주일: một tuần, 2주일: hai tuần …
달: **tháng** 탕
  예) 한 달: một tháng, 2달: hai tháng …
년(年) 해: **năm** 남
  예) 1년: một năm, 2년: hai năm …

10-1 인사말

① 저기요.

② 안녕하세요.

③ 감사합니다.

④ 죄송합니다. / 실례합니다.

⑤ 부탁합니다.

⑥ 만나서 반갑습니다.

⑦ 잘 지내셨나요?

⑧ 안녕히 가세요.

❶ Anh/Chị ơi.
안/찌   어이

*남자: anh 안 / 여자: chị 찌

❷ Xin chào.
씬   짜오

❸ Cảm ơn.
깜   언

❹ Xin lỗi.
씬   로이

❺ Xin nhờ anh/chị.
씬   녀   안/찌

*남자: anh 안 / 여자: chị 찌

❻ Rất vui được gặp ạ.
젓   브이   드억   갑   아

❼ Anh/Chị có khỏe không?
안/찌   꺼   코에   컴

*남자: anh 안 / 여자: chị 찌

❽ Tạm biệt.
땀   비엣

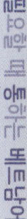

10-2 자기소개

① 제 이름은 미나입니다.

② 저는 올해 30살입니다.
   (숫자 표현 부록 참고)

③ 저는 한국 사람입니다.

④ 저는 대학생입니다.

⑤ 실례지만 성함이 어떻게 되시나요?

⑥ 실례지만 나이가 어떻게 되시나요?

⑦ 실례지만 어느 나라 사람입니까?

⑧ 실례지만 직업이 무엇입니까?

❶ Tôi tên là Mina.
또이 뗀 라 미나

❷ Năm nay tôi ba mươi(30) tuổi.
남 나이 또이 바 므어이 뚜오이

❸ Tôi là người Hàn Quốc.
또이 라 응어이 한 꿕

학생(초·중·고등학생): học sinh 홉 씬
공무원: nhân viên văn phòng 년 비엔 반 퐁
회사원: nhân viên công ty 년 빈 꼼 띠
교사: giáo viên 자오 비엔
의사: bác sĩ 박 시   간호사: y tá 이 따
변호사: luật sư 루엇 스   비서: thư ký 트 끼
통역사: thông dịch viên 톰 짓 비엔
기술자: kỹ sư 끼 스
사장: giám đốc 쟘 독, sếp 쎕
사업가: doanh nhân 조안 년

❹ Tôi là sinh viên.
또이 라 씬 빈

❺ Xin lỗi, bạn tên là gì?
씬 로이 반 땐 라 지

❻ Xin lỗi, bạn bao nhiêu tuổi?
씬 로이 반 바오 니에우 뚜오이

❼ Xin lỗi, bạn là người nước nào?
씬 로이 반 라 응으어이 느억 나오

❽ Xin lỗi, bạn làm nghề gì?
씬 로이 반 람 응애 지

10-3 대답하기

① 네, 맞습니다. / 아닙니다.

② 알겠습니다.

③ 모르겠습니다.

④ 이해했습니다.

⑤ 이해하지 못했습니다.

⑥ 이해하셨나요?

⑦ 조금만 천천히 이야기해 주시겠어요?

⑧ 다시 한 번 말해 주시겠어요?

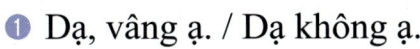

❶ Dạ, vâng ạ. / Dạ không ạ.
자 벙 아 / 자 컴 아

---

❷ Tôi biết rồi ạ.
또이 비엣 조이 아

---

❸ Tôi không biết.
또이 컴 비엣

---

❹ Tôi hiểu rồi.
또이 히에우 조이

---

❺ Tôi không hiểu.
또이 컴 히에우

---

❻ Hiểu chưa?
히에우 쯔어

---

❼ Nói từ từ được không ạ?
너이 뜨 뜨 드억 컴 아

---

❽ Nói lại một lần nữa được không ạ?
너이 라이 못 런 느어 드억 컴 아

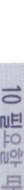

10-4 날짜 및 시간

① 지금 몇 시인가요?

② 6시 30분입니다.
(숫자 표현 부록 참고)

③ 10분 전[후]입니다.
(숫자 표현 부록 참고)

④ 오늘은 며칠인가요?

⑤ 오늘은 10월 3일입니다.
(숫자 표현 부록 참고)

⑥ 오늘은 무슨 요일인가요?

⑦ 오늘은 월요일입니다.
(요일 표현 부록 참고)

⑧ 저는 일주일 동안 머무를 예정입니다.
(기간 표현 부록 참고)

❶ Bây giờ là mấy giờ?
　버이　저 라 머이　저

❷ Sáu(6) giờ ba mươi(30) phút.
　싸우　　저 바　므이　　　풋

❸ Mười(10) phút trước[sau].
　므어이　　　풋　쯔억　사우

❹ Hôm nay là ngày mấy?
　홈　나이 라 응아이　머이

❺ Hôm nay là ngày ba(3) tháng mười(10).
　홈　나이 라 응아이 바　　탕　　므이

❻ Hôm nay là thứ mấy?
　홈　나이 라 트　머이

❼ Hôm nay là thứ hai.
　홈　나이 라 트 하이

❽ Tôi dự định sẽ ở một tuần.
　또이 즈 딘 세 어 못 뚜언

10-5 날씨 표현

❶ 더워요.

❷ 추워요.

❸ 비가 내려요.

❹ 습해요.

❺ 건조해요.

❻ 오늘 몇 도인가요?

❼ 오늘 날씨가 매우 좋네요.

❽ 오늘 날씨는 흐리네요.

❶ Nóng quá.
  넘 꾸아

❷ Rét quá. 북부
  젯 꾸아
  Lạnh quá. 남부
  란 꾸아

❸ Trời mưa.
  쩌이 므어

❹ Bức quá.
  븍 꾸아

❺ Khô quá.
  코 꾸아

❻ Hôm nay bao nhiêu độ C?
  홈 나이 바오 니에우 도 쎄

❼ Thơi tiết hôm nay rất tốt.
  터이 띠엣 홈 나이 줏 똣

❽ Thời tiết hôm nay âm u.
  터이 띠엣 홈 나이 엄 우

10-6 연락처 교환

❶ 연락처 교환을 하고 싶습니다.

❷ 저의 전화번호입니다.

❸ 저의 명함입니다.

❹ 저의 메일 주소입니다.

❺ 실례지만 전화번호가 어떻게 되나요?

❻ 명함 한 장 주시겠습니까?

❼ 메일 주소가 어떻게 되나요?

❽ 영어로 연락합시다.

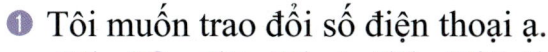

❶ Tôi muốn trao đổi số điện thoại ạ.
또이 무온 짜오 도이 소 디엔 토아이 아

❷ Số điện thoại của tôi ạ.
소 디엔 토아이 꾸어 또이 아

❸ Danh thiếp của tôi ạ.
잔 티엡 꾸어 또이 아

❹ E-mail của tôi đây.
이메일 꾸어 또이 더이

❺ Xin lỗi, số điện thoại của anh/chị là gì?
씬 로이 소 디엔 토아이 꾸어 안/찌 라 지

*남자: anh 안 / 여자: chị 찌

❻ Cho tôi một tấm danh thiếp được không ạ?
쩌 또이 못 떰 잔 티엡 드억 컴 아

❼ E-mail của anh/chị là gì?
이메일 꾸어 안/찌 라 지

*남자: anh 안 / 여자: chị 찌

❽ Liên lạc bằng tiếng Anh nhé.
리엔 락 방 띠엥 안 녜

10-7 베트남인과 친구하기 (1)

① 예뻐요.

② 미남이시네요.

③ 귀여워요.

④ 친절하시네요.

⑤ 친구하고 싶어요.

⑥ 여자친구[남자친구] 있어요?

⑦ 저는 애인이 있어요.

⑧ 저는 애인이 없어요.

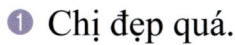
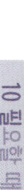

❶ Chị đẹp quá.
  찌   댑   꾸아

❷ Anh đẹp trai quá.
  안   댑   짜이 꾸아

❸ Anh/Chị dễ thương quá.
  안/찌   제   트엉   꾸아

*남자: anh 안 / 여자: chị 찌

❹ Anh/Chị tốt bụng quá.
  안/찌   똣   붐   꾸아

*남자: anh 안 / 여자: chị 찌

❺ Tôi muốn kết bạn với bạn.
  또이 무온   껫   반   버이   반

❻ Bạn có bạn gái[bạn trai] chưa?
  반   꺼   반   가이   반   짜이   쯔어

❼ Tôi có người yêu.
  또이   꺼   응으어이   이에우

❽ Tôi chưa có người yêu.
  또이   쯔어   꺼   응으어이   이우

10-8 베트남인과 친구하기 (2)

① 내일도 만날까요?

② 함께 식사하러 가도 될까요?

③ 커피 마시러 갈까요?

④ 저와 함께 사진 찍을까요?

⑤ 취미가 무엇입니까?

⑥ 저는 베트남을 좋아해요.

⑦ 베트남 사람은 매우 친근합니다.

⑧ 오늘 매우 즐거웠습니다.

❶ Ngày mai chúng ta lại gặp nhau nhé?
응아이 마이   쭘   따 라이 갑   냐오   녜

❷ Đi ăn cơm với tôi được không ạ?
디 안   껌   버이 또이 드억   컴   아

❸ Đi uống cà phê với tôi nhé?
디 우옹   까 페   버이 또이 녜

❹ <u>Chụp ảnh</u> với tôi được không ạ?
쭙   아인   버이 또이 드억   컴   아

*남부에서는 '사진을 찍다'를 나타낼 때 chụp ảnh(쭙 아인) 대신 chụp hình(쭙 힌)을 씁니다.

❺ Sở thích của bạn là gì?
서   틷   꾸어 반   라 지

❻ Tôi thích Việt Nam.
또이   틷   비엣   남

❼ Người Việt Nam rất thân thiện.
응으어이 비엣   남   죧   턴   티엔

❽ Hôm nay đã rất vui.
홈   나이 다 죧 브이

부록

- 수와 관련된 표현
- 때와 관련된 표현
- 위치와 관련된 표현
- 베트남어로 나라 이름 말하기
- 베트남 화폐 종류

1 수와 관련된 표현

★ 숫자 : Chữ số 쯔 소

1	một 못	11	mười một 므이 못
2	hai 하이	12	mười hai 므이 하이
3	ba 바	13	mười ba 므이 바
4	bốn 본	14	mười bốn 므이 본
5	năm 남	15	mười lăm 므이 람
6	sáu 싸우	16	mười sáu 므이 싸우
7	bảy 바이	17	mười bảy 므이 바이
8	tám 땀	18	mười tám 므이 땀
9	chín 찐	19	mười chín 므이 찐
10	mười 므이	20	hai mươi 하이 므이
21	hai mươi mốt 하이므이 못	200	hai trăm 하이 짬
25	hai mươi lăm 하이 므이 람	300	ba trăm 바 짬
30	ba mươi 바므이	400	bốn trăm 본 짬
40	bốn mươi 본 므이	500	năm trăm 남 짬
50	năm mươi 남 므이	600	sáu trăm 싸우 짬
60	sáu mươi 싸우 므이	700	bảy trăm 바이 짬
70	bảy mươi 바이 므이	800	tám trăm 땀 짬
80	tám mươi 땀 므이	900	chín tram 찐짬
90	chín mươi 찐 므이	1000	một nghìn 못 응인 (북부) / một ngàn 못 응안 (남부)
100	một trăm 못 짬	0	không 컴

* 큰 숫자

10,000	mười nghìn[ngàn] 므이 응인[응안]
100,000	một trăm nghìn[ngàn] 못 짬 응인[응안]
1,000,000	một triệu 못 찌에우
10,000,000	mười triệu 므이 찌에우
1,000,000,000	một trăm triệu 못 짬 찌에우

★ 사람(명): người 응어이

  ex 1명: một(1) người 못 응어이
  10명: mười(10) người 므이 응어이

★ 개수: cái 까이

  ex 1개: một(1) cái 못 까이
  5개: năm(5) cái 남 까이

★ 병: chai 짜이

  ex 1병: một(1) chai 못 짜이
  3병: ba(3) chai 바 짜이

★ 잔: cốc 꼽 (북부) / ly 리 (남부)

  ex 1잔: một(1) cốc 못 꼽
  2잔: hai(2) ly 하이 리

★ 그릇: bát 밧/ chén 짼 / tô 또 (tô가 chén보다 조금 더 큰 그릇을 말한다.)

  ex 1그릇: một(1) tô 못 또
  2그릇: hai(2) chén 하이 짼

★ 층: tầng 떵 / lầu 러우

  ex 1층: tầng một(1) 떵 못
  4층: lầu bốn(4) 러우 본

2 때와 관련된 표현

★ 요일: Thứ 트

일요일	chủ nhật 쭈 녓
월요일	thứ hai 트 하이
화요일	thứ ba 트 바
수요일	thứ tư 트 뜨
목요일	thứ năm 트 남
금요일	thứ sáu 트 싸우
토요일	thứ bảy 트 바이

★ 달: Tháng 탕

1월	tháng một 탕 못	7월	tháng bảy 탕 바이
2월	tháng hai 탕 하이	8월	tháng tám 탕 땀
3월	tháng ba 탕 바	9월	tháng chín 탕 찐
4월	tháng tư 탕 뜨	10월	tháng mười 탕 므이
5월	tháng năm 탕 남	11월	tháng mười một 탕 므이 못
6월	tháng sáu 탕 싸우	12월	tháng mười hai 탕 므이 하이

★ 며칠: mấy ngày 머이 응아이 / 몇 박: mấy đêm 머이 뎀

(기간을 말할 때 숫자를 앞에 쓴다. 2일: hai(2) ngày)

ex 1박 2일: hai(2) ngày một(1) đêm 하이 응아이 못 뎀
6박 7일: bảy(7) ngày sáu(6) đêm 바이 응아이 싸우 뎀
3일 (동안): trong ba(3) ngày 쫌 바 응아이

(반대로 날짜를 이야기 할 때에는 숫자를 뒤에 쓴다. 2일: ngày hai(2))

ex 8월 2일: ngày hai(2) tháng tám(8) 응아이 하이 탕 땀
12월 30일: ngày ba mươi(30) tháng mười hai(12) 응아이 바 므이 탕 므이 하이

3 위치와 관련된 표현

★ 위치: Vịtrí 비찌

위	trên 쩬	옆	bên cạnh 벤 깐
아래	dưới 즈어이	가운데	giữa 즈어
앞	trước 쯔억	안	trong 쫌
뒤	sau 사우	밖	ngoài 응오아이

4 베트남어로 나라 이름 말하기

★ 나라: Đấtnước 덧느억

한국	Hàn Quốc 한 꿕	몽골	Mông Cổ 몸 꼬
북한	Bắc Hàn 박 한	러시아	Nga 응아
베트남	Việt Nam 비엣 남	인도	Ấn Độ 언 도
중국	Trung Quốc 쭘 꿕	미국	Mỹ 미
대만	Đài Loan 다이 로안	영국	Anh 아인
홍콩	Hồng Kông 홈 꼼	호주	Úc 웁
일본	Nhật Bản 녓 반	프랑스	Pháp 팝
캄보디아	Campuchia 깜뿌찌아	독일	Đức 득
라오스	Lào 라오	이탈리아	Ý 이
태국	Thái Lan 타이 란	스페인	Tây Ban Nha 떠이 반 냐
동남아	Đông Nam Á 돔남아	유럽	Châu Âu 쩌우 어우
아시아	Châu Á 쩌우 아	아프리카	Châu Phi 쩌우 피

4 베트남 화폐 종류

hai trăm đồng 하이 짬 동

(한국 돈 약 10원)

năm trăm đồng 남 짬 동

(한국 돈 약 25원)

một nghìn[ngàn] đồng
못 응인[응안] 동

(한국 돈 약 50원)

hain ghìn[ngàn] đồng
하이 응인[응안] 동

(한국 돈 약 100원)

năm nghìn[ngàn] đồng
남 응인[응안] 동

(한국 돈 약 250원)

mười nghìn[ngàn] đồng
므이 응인[응안] 동
(한국 돈 약 500원)

hai mươi nghìn[ngàn] đồng
하이 므이 응인[응안] 동
(한국 돈 약 1,000원)

năm mươi nghìn[ngàn] đồng
남 므이 응인[응안] 동
(한국 돈 약 2,500원)

một tram nghìn[ngàn] đồng
못 짬 응인[응안] 동
(한국 돈 약 5,000원)

hai trăm nghìn[ngàn] đồng
하이 짬 응인[응안] 동
(한국 돈 약 10,000원)

năm trăm nghìn[ngàn] đồng
남 짬 응인[응안] 동
(한국 돈 약 25,000원)

* 환율은 2017년 기준입니다.

필요할 때 통하는 여행 베트남어

초판인쇄	2017년 9월 18일
초판발행	2017년 10월 10일
저자	김민기
펴낸이	엄태상
책임 편집	이효리, 장은혜, 김효은, 정유항
디자인	이건화
마케팅	이상호, 오원택, 이승욱, 전한나, 왕성석
온라인마케팅	김마선, 유근혜, 심유미
펴낸곳	랭기지플러스
주소	서울시 종로구 자하문로 300 시사빌딩
주문 및 교재 문의	1588-1582
팩스	(02)3671-0500
홈페이지	www.sisabooks.com
이메일	sisabooks@naver.com
등록일자	2000년 8월 17일
등록번호	1-2718호

ISBN 978-89-5518-556-0 (13730)

* 이 책의 내용을 사전 허가 없이 전재하거나 복제할 경우 법적인 제재를 받게 됨을 알려 드립니다.
* 잘못된 책은 구입하신 서점에서 교환해 드립니다.
* 정가는 표지에 표시되어 있습니다.